中公新書 1976

福永文夫著

大平正芳

「戦後保守」とは何か

中央公論新社刊

はしがき

一九八〇(昭和五五)年六月一二日、大平正芳《おおひらまさよし》首相は入院中の東京虎の門病院で息を引き取った。享年七〇。死因は、心筋梗塞《こうそく》による急性心不全であった。

いわゆる「四〇日間抗争」に代表される熾烈《しれつ》な派閥抗争から半年あまり、病に倒れてから二週間、それは初めての衆参同日選挙の真っ只中《ただなか》に起こった、現職首相の突然の死であった。大平正芳は戦後政治のなかで、いわゆる「保守本流」の道を歩み、外務・通産・大蔵大臣などの要職を歴任、一九七八年に首相に就任し、戦後史に足跡を残した。

香川県の貧しい農家に生まれた大平は、旧制高商時代にキリスト教に入信し、苦学の末東京商科大学(現一橋大学)に入学。一九三六年、二・二六事件の余燼《よじん》さめやらぬなか、大蔵省に入省した。翌年からはじまった日中戦争・太平洋戦争下、占領地行政に携わる興亜院《こうあいん》への出向を経て、大蔵官僚として敗戦と占領改革とに向き合う。そして、かつて上司であった池田勇人《いけだはやと》の影響を受け、一九五二年衆議院議員に当選し、政治家の道を歩みだした。

大平は一九六〇年、池田内閣の官房長官を務めて以来政治家として注目を浴び、六二年からは外相として、日米の緊密な関係の形成に尽力する一方、中国や韓国との間の外交関係の地ならしを行った。

また二度目の外相となった田中角栄内閣では、日中国交正常化を成し遂げた。こののち一九七〇年代の激しい派閥抗争のなかで、大平は蔵相・自民党幹事長などを務め、政治・経済の安定に努めてきた。

大平正芳

大平はまた、一九七〇年前後に現れた国内外の諸懸案に対し、従来の政治的手法では間に合わないとして「戦後の総決算」を唱え、二一世紀の日本の未来図を描こうとした。彼の変わらぬ思いは、日本政治の安定と諸外国に信頼される国づくりであった。この点、彼が作った九つの政策研究会が次世紀に向けて残したさまざまな提言は、彼の遺産である。

本書は、大平の歩みを明らかにし、彼の軌跡を通じて日本の戦後をたどり、戦後保守のあり方の一断面を明らかにするものである。吉田茂・池田勇人の系譜を継ぎ、保守本流である宏池《こうち》会《かい》に属した大平の政治志向は、一般に軽軍備経済主義とされる。だが、それだけであったのだろうか。

この大平について、保守系右派の岸信介《きしのぶすけ》（一八九六〜一九八七）は、「大したもんじゃない」「本当の意味における見識は足りなかった」(『岸信介証言録』)と切り捨てている。岸の評は、保守政治家としての二人の肌合いの違いのみならず、それ以上に両者の戦前戦中・戦後に対する認識と評価、そして来し方の違いを示している。

大平はまた、読書家で文筆家としても知られ、「戦後政界屈指の知性派」と評された。派手なパフォーマンスとは無縁の、知性と言葉に重きをおく政治家でもあった。

二一世紀に入り、小泉純一郎をはじめとして、メディアを意識した「ワンフレーズ・ポリティックス」、善悪の対立を煽《あお》る「劇場型政治」が大きく台頭した。政治家が、派手なパフォーマンスに力を入れ、真摯《しんし》な言葉を放棄したとき、国民を統合する長期的な展望を失うことは言うまでもない。

大平が思索し歩んできた「戦後」は、漂流する二一世紀の政治に何かを語りかけてくれるに違いない。

凡例

- ルビは引用を含め適宜ふった。
- 引用文中の［　］は引用者による補足。
- 引用文中の漢字は原則として現行のものに、旧かなは新かなに換えた。
- 敬称は略した。

大平正芳

目次

大平正芳

「戦後保守」とは何か

序章 「戦後の総決算」の主張

沖縄返還——戦後の終わり

一九七二(昭和四七)年五月一五日、午前零時の時報が告げられると同時に、ラジオから「沖縄が日本に帰ってきました」というアナウンサーの妙に上ずった声が流れた。敗戦から四半世紀あまりを経て、沖縄が再び本土と結ばれた瞬間である。同日一〇時半から武道館で開かれた、沖縄復帰記念式典の会場は、閣僚、国会議員、各界代表、沖縄関係者など一万人の熱気で埋めつくされた。

壇上に天皇皇后両陛下を迎え、佐藤栄作首相は気持ちの昂《たか》ぶりを抑えられなかった。一九六五年夏、首相として初めて沖縄の地を踏み「沖縄の祖国復帰がならない限り、日本の戦後は終わらない」と誓ってから、七年の歳月が過ぎていた。式の様子を、佐藤は日記に次のように記している。

小生が主人で、天皇皇后両陛下の御先導から始まり、式辞も涙のうちに終わり、陛下の御言葉を賜り、又アグニュー副大統領から返還（施政権）書を、また祝詞を貰い（中略）小生の日本国並《ならび》に天皇陛下の万歳で堂もゆれる様な斉唱で閉づ。

（『佐藤栄作日記』第五巻、一九七二年五月一五日。以下『佐藤日記』と略す）

師と仰いだ吉田茂から引き継いだ宿願を成し遂げた晴れ舞台で、佐藤は涙を抑えることができなかった。それは彼が克服しようとした「戦後」にほかならない。

六〇年安保をめぐる騒動という失敗を教訓に、彼は兄岸信介ほど政治的になることを控えた。前任の首相である池田勇人と同様に、基本的に軽軍備経済主義の「吉田政治」の継承・発展に努め、一九六九年沖縄返還の約束を手土産に総選挙で勝利を収め、七〇年六月二三日には、日米安保の自動延長を無事に見届けた。それは一〇年前、首相官邸を取り囲むデモ隊のなかで、兄と過ごした時間とは異なる風景であった。

佐藤と等しく一つの「戦後」の終わりを噛《か》みしめていたのが、大平正芳であった。彼は、「沖縄返還が実現し、長い占領政治に終止符がうたれた」（『大平正芳回想録・資料編』）と、幾分かの緊張を覚えつつ胸をはずませた。

思い起こせば、池田を支え獅子奮迅の働きをしてから、佐藤が政権に君臨したこの七年間、不当な扱いを受け、不遇な地位に甘んじてきた。それは一面で、敗戦から復興に邁進《まいしん》した「戦後」を、そして佐藤政治を、一歩距離をおいて見るよい機会でもあった。一九七二年六月、佐藤が沖縄返還を花道に退陣することを明かしたことで、ポスト佐藤をめぐる総裁レースははじまっていた。

不透明な一九七〇年代

一九七〇年前後、日本を取り巻く国際環境は大きく変化を遂げつつあった。一九六九年一一月、佐藤がニクソン米大統領から「七二年沖縄施政権返還」の約束を取りつけたことは、政権が山の頂を越え終幕に近づきつつあることを知らせるものであった。

翌一九七〇年三月から大阪で開かれた万国博覧会は、東京オリンピック以上に、日本の成長を象徴するイベントとなった。「人類の進歩と調和」をテーマとした博覧会には、日本を含む七七の国と四つの国際機関が参加した。パビリオンに連なる長蛇の列は、人びとのエネルギーに満ちあふれていた。一九六八年には、日本の国民総生産（GNP）は西ドイツを抜き、世界第二位になっていた。彼らが、アメリカに次ぐ第二の「経済大国」となったことを、実感できたかどうかはわからない。ただ多くの人びとが、戦後の困窮の時代からひたすら追い求めてきた経済的繁栄を手に入れたように感じはじめたことはたしかであった。

テレビコマーシャルのキャッチ・フレーズ、「モーレツからビューティフルへ」が流行語になったのも一九七〇年である。それはまた、人びとがモノの豊かさとは違う種類の豊かさ、新たな価値観や気分を、量から質への転換を求めはじめたことを意味した。

しかし一九七一年夏、日本は、頭越しになされた突然の米中和解と金・ドル交換停止という、二つのニクソン・ショックに飲み込まれることになった。アメリカの新中国政策が国際政治の構造的転換を告げるものであったように、新経済政策は国際経済システムにおける戦後の終わりを告げるものであった。「パックス・アメリカーナ」が揺らぐなか、日本の政治は、さまざまな難局に直面し漂流することになった。まさしく、戦後日本にとって大きな転換期であった。

迫りくる波濤《はとう》を前に、佐藤も手をこまねいていたわけではないが、後手にまわったことは否めない。手探りではじめた中国との接触も、したたかな彼の国の姿勢の前では実を結ぶことなく終わった。成長がもたらした歪《ひず》みを是正するために打ち出された、生産第一主義を改め社会資本の充実をめざした「社会開発」も成果を生み出すことはできなかった。沖縄復帰という宿願を達成したあとには、去り行く道しか残されていなかった。

大平の「自立」

ポスト佐藤に名乗りを上げると同時に、大平の政治家としての自立ははじまった。佐藤政権の評価について問われ、大平は次のように述べている。

佐藤時代は、戦後政治の「最後」「終結」という性格を持つ。つまり、吉田（元首相）流の政治パターンで外交も内政も十分やれた時代だ。手堅い行政にアクセントがおかれ、安全運転していくことが許された時代だったと思う。しかし、末期になって、そうした手法が終りに近づいたという感をつよくする。

（『朝日新聞』一九七二年六月二〇日）

大平は吉田－池田の系譜につながる、いわゆる「保守本流」の嫡子であった。彼自身、そのことを強く意識していた。にもかかわらず、吉田が築き、池田と佐藤が作り上げた「戦後」が曲がり角を迎えつつあった。池田派を引き継いだ大平であったが、佐藤退陣後の自民党総裁選挙に出馬するにあたって「吉田元首相流の安全運転の政治は許されない転換期に差しかかっている、（中略）世界史が経験したことのない、先人の遺訓にない新しい秩序をつくりださなければならない」（同前）と、「脱吉田」を掲げたのである。

課題は二つあった。一つは、日米関係を二国間だけの問題でなく、もっとグローバルな展望に立ち、世界に対して日本がより積極的な役割を果たす方途を探ることである。もう一つは、公害、交通、土地、物価など経済の成長が生んだ諸々の問題を整理し、高度成長後の社会の新しい人間関係がどういうものかを探ることであった。

大平による「戦後の総決算」

沖縄返還を前にした一九七一（昭和四六）年九月、宏池会（大平派）の研修会で行われた、「日本の新世紀の開幕――潮の流れを変えよう――」（『風塵雑俎《ふうじんざつそ》』）と題する講演の冒頭で、大平は次のように語っている。それは翌年に控えた自民党総裁選挙へ向けた、大平の事実上の出馬宣言でもあった。

わが国は、いまや戦後の総決算ともいうべき転機を迎えている［傍点筆者］。これまでひたすら豊かさを求めて努力してきたが、手にした豊かさの中には必ずしも真の幸福と生きがいは発見されていない。ためらうことなく経済の成長軌道を力走してきたが、まさにその成長の速さの故に、再び安定を指向せざるを得なくなってきた。なりふりかまわず経済の海外進出を試みたが、まさにその進出の激しさの故に外国の嫉視《しっし》と抵抗を受けるようになってきた。対米協調に運命を委ね、ことさら国際政治への参加を避けてきたが、まさにドル体制の弱化の故に、けわしい自主外交に立ち向かわなければならなくなってきた。国をあげて自らの経済復興に専念してきたが、まさにわが国の経済の成長と躍進の故に、国際的インサイダーとして経済の国際化の担い手にならざるを得なくなってきた。
これはまさに大きい転換期であるといわねばならない。この転換期に処して、これからの方向を誤らないことが政治の使命である。わが国民は、たしかにこの試練を乗り切るに足るエネルギーをもっている。ただ、このエネルギーの活力ある展開を促すためには、政治の姿勢を正し、政策軌道の大胆な修正を断行しなければならない。

一九七〇年代初頭における国内外の政治的・経済的変容に対する、彼なりの時代認識と課題の表明であった。一般に「戦後の総決算」という言葉は、中曽根康弘が用いたように思われている。だが中曽根がややもすれば復古的色彩を帯びたのに対し、大平の場合は、過去の実績を十分に評価し吟味した上で出されたものであった。講演に「新世紀の開幕」というタイトルを付したのも彼自身である。大平は、わが国が政治的にも経済的にも、国際社会で応分の役割を担う必要に迫られていることを認識し、それに果敢に立ち向かう決意を吐露したのである。

大平は、敗戦に次ぐ一九七〇年代という大きな転換に立ち会うことになった。

＊

以下では、大平自身の肉声を借りながらその生涯を追い、彼を通じて戦後政治の歩みをたどる。その意味で、本書は大平正芳伝であるが、同時に戦後政治を、保守政治の展開と変容を軸に解き明かそうとする試みでもある。

大平の人間および思想形成にいたる青少年期に、どのような原風景が彼の心のなかに刻み込まれ、それが政治家大平の立ち位置をどう定めたのか。

また一九五〇年代から六〇年代、池田政権の「演出家」として、保守対革新の構図のなかで、彼は保守政治家として自らの歩みをどう形づくり、どう方向づけていったのか。

さらに一九七〇年代に入り、自民党内で展開された激烈な派閥抗争に加え、与野党伯仲という議会環境のなかで、大平は新世紀に向けてどのような政治の未来図を描いていったのか。その際、内外両面で、三木武夫《たけお》（一九〇七～八八）、田中角栄（一九一八～九三）、福田赳夫《たけお》（一九〇五～九五）の、いわゆる「三角大福」の一九七〇年代を彩った自民党の指導者たちと比較することで、戦後保守政治あるいは保守本流のあり方を、併せて保守側から見た戦後民主主義との関わりを考えてみる。

幸い「文人政治家」大平は、その才を生かして多くの著書をものしている。『財政つれづれ草』（一九五三）、『素顔の代議士』（一九五六）、『春風秋雨』（一九六六）、『旦《たん》暮芥考《ぼあくたこう》』（一九七〇）、『風塵雑俎』（一九七七）、『私の履歴書』（一九七八）のほか、一九六七年以来毎年『硯滴《けんてき》』という小冊子を刊行してきた（一九七二年四月まで）。いずれも戦後日本の政治の歩みを語る貴重な記録であり、折々に綴《つづ》られた思いの数々は政治家には珍しい、実に率直なものである。

　また大平正芳記念財団からは、『大平正芳回想録』追想編（一九八一）・資料編（一九八二）・伝記編（一九八二）の三部作（本文では以下、『追想編』『資料編』『伝記編』と略す）のほか、『大平正芳・政治的遺産』（一九九四、以下『政治的遺産』と略す）など多くの著書が出されている。本書がこれらに多くを負っていることは言うまでもない。

　さらに本書では、『森田一日記』（以下『森田日記』と略す）など大平正芳記念館（香川県観音寺市《かんおんじし》）所蔵の新資料を用いている。森田一《はじめ》（一九三四〜）は大平の女婿《じょせい》であり、長くその秘書官を務め、大平と最も身近で接した一人である。日記は計五冊からなり、一九七二年七月七日田中内閣が発足した日から七六年一二月七日までの四年半あまり、大平の日々の言動を詳細に綴った貴重な歴史の証言となっている。

第1章　青少年期——人間と思想の形成

1　生い立ち

「鈍牛」と呼ばれて

政治家大平正芳が与えるイメージは、どのようなものであろうか。

その見てくれは茫洋《ぼうよう》として、目が細くずんぐりとした容姿は、ハンサムでスマートといった表現からは程遠く、無骨とさえいえる。太い首をすくめ、はにかみ屋らしく大いに照れるとき以外、ほとんど表情の動きを見せず、その内面を推し量ることも難しい。かくして、その風貌と言動から醸し出される雰囲気から、彼は若い頃から「おとうちゃん」「鈍牛」というあだ名を拝された。

また、話の間に入る「アー、ウー」という語をマスコミに揶揄《やゆ》されてもきた。しかし、今日では、それが彼の慎重さや控え目な性格がもたらしたものであり、その発する言葉の一つひとつがきわめて慎重に選ばれた結果であり、論理的で、実は明瞭であったことも認められつつある。朴訥《ぼくとつ》な印象とは逆に、素顔の大平が能弁でユーモアあふれる人であったことも、同時代の人びと、さらには政治的ライバルたちによって語られている。

大平さんのアーウーは伊達《だて》ではなくて、国会での答弁にしろ、討論会での発言にしろ、議事録を起こしてアーウーを抜くと、きちんと筋の通った文章になっている、ということも、政治通のあいだでは評価されていました。歴代の首相のなかには、よどみなくよくしゃべるのだが、議事録を起こして見ると、〝文意不明〟という人も結構いましたからね。（中略）自民党の幹事長との接触では、討論会だけでなく、与野党折衝－幹事長・書記長・書記局長会談も重要な場ですが、こういう点では、大平幹事長は、なかなか信頼できる協議相手でした。むずかしい問題でも、議論をつくして結論が出ると、その場できちんと回答を出す。そしていったん回答を出したら、確実に実行しました。その後は、自民党幹事長でそういう人物に出会うことは、まずなかったですよ。

（『私の戦後六〇年・日本共産党議長の証言』）

幹事長時代の大平について、当時日本共産党書記局長だった不破哲三の証言である。こうした人物評だけでなく、幅広い読書に裏付けられた教養の深さ、その求道的姿勢など、生前の大平についての事績がさまざまに語られるにつれ、その評価は高まっていった。俗に人の評価は「棺《ひつぎ》の蓋《ふた》を閉めてから定まる」というが、大平の場合がまさしくそうであった。

人間大平、そしてその思想はいかにして形成されたのか。

女婿森田一は、「学生時代から大蔵省の役人時代のかなり早い時期に［大平の］基本的な考えは固められた」（『在素知贅』）と伝えるが、それを知るために、彼の生涯をさかのぼってみよう。

郷里と家族

大平正芳は一九一〇（明治四三）年三月一二日、香川県三豊《みとよ》郡和田村（現在の観音寺市豊浜《とよはま》町《ちょう》）で、父利吉と母サクの三男として生まれた。兄弟姉妹は兄二人、姉三人、弟妹各一人だった。ただし、大平が生まれたとき、長女は満一歳で、兄の一人も二歳半ですでに亡くなっていた。

この年の五月に大逆事件が、夏に韓国併合があり、二年後の一九一二年には明治から大正へと新しい時代の扉が開かれようとしていた。

郷里和田村は香川県の西端、愛媛県との県境に位置する。前面に瀬戸内海の燧灘《ひうちなだ》を臨み、背後に讃岐《さぬき》山脈を控える、のどかな田園地帯が広がる。

幼年時代（左端） 父と兄弟たちと

大平の生家は豊浜駅の西南、海岸から二キロメートルほど離れ、緩やかな坂を少し上がったところにある。生家は一町二、三反を自・小作していた。当時の香川県の経営規模別農家の構成を見てみると、五反未満が五六％と過半数を超え、九割近くが一町未満であった。三町以上はわずか三・三％に過ぎず、大平自身はのちに「讃岐の貧農の倅《せがれ》」と称すが、村では中流に位置していたと思われる。

もっとも一九七〇年代に入って政権を争うことになった福田赳夫、三木武夫、中曽根康弘と比べるとき、大平は田中角栄とともに厳しい経済家庭環境のなかに育った。福田は二〇町歩の土地を持つ代々の庄屋、中曽根はいつも十数人の奉公人を抱えた材木商、そして三木は肥料商の一人息子として、裕福な生活環境に恵まれた。幼少時の厳しい家庭の事情が、のちに大平と田中の二人を結びつける要因の一つとなったことはたしかである。

大平によると、父利吉はこれという学歴はなかったが、一応書はよくするし、和漢の古典にも相当通じ、村会議員や溜池《ためいけ》の水利組合の総代を務めるなど、優しく世話好きな人であった。対して母サクは、男勝りのどちらかというと社交性を持った勝気な女性であった。

また父が読んだ和綴《わと》じの本のところどころに朱の紙片が貼付《てんぷ》してあった。「そのくだりに疑問がある印で、疑問が解けるとその紙片をそっととり、本自体は、全然汚さないように配慮されていた」（『私の履歴書』）という。大平の読書好き、折々の言動に示された漢籍への深い造詣《ぞうけい》、慎重かつ内省的な性向は父親譲りであったといえよう。

大平は五歳の頃、生家から少し離れた家に里子に出されたことがある。あまりに悪さをするので一週間ほどして帰されたというが、生家を離れた経験は幼心につらいものであったことは想像にかたくない。だが、子ども六人を抱えた大平家の生活は苦しいものであった。

米麦を主とする当時の農家の家計は、決して楽ではなかった。私のうちは、子供が六人（男三人女三人）もいたのでなおさらであった。私はもの心がついてから、洟《はなみず》で袖《そで》がピカピカ光っている着物を着て、稲藁《いなわら》で作ったぞうりをはき、一汁一菜に麦飯（もちろん米が三、四分は入っていた）を食べて育った。海浜近くに住みながら、鮮魚にありつくのは祝祭の日くらいで、たまに食膳《しょくぜん》に見かけるものは、鰯《いわし》や鯖《さば》の干物であった。

（『私の履歴書』）

米が三、四分入っていることは、当時の生活では決して貧しいほうではない。しかし、自伝に書き留めた生家の暮らしぶりは厳しく、他の農家と同様に、老人から子どもまで一家を挙げて働かなければならない状況におかれていた。とりわけ、麦わら帽子の材料となる麦稈《ばっかん》真田《さなだ》を編む仕事は子どもにとってきついものであった。

このちょうば「ノルマ」をいただいている許《ばか》りに、私は予習はおろか学校の先生から言付けられている宿題をも、十分果す暇もない程であった。日暮れまで魚釣りや球投げに興じて、このちょうばを完遂できなかった時には、母の前に出る事が恰《あたか》も罪人が検事の前に出るように辛かったことを覚えている。(『財政つれづれ草』)

この仕事は、当時の農家の貴重な収入源であったが、その辛さを、彼はのちに「副業地獄」と呼んでいる。大平が六歳の冬に他家に嫁いだ姉テツが、この内職がもとで若くして亡くなったことも、彼にその思いを強くさせた。

幼い頃の日常は四季を通じて労働の連続であり、それは自然と人間とのたえまない闘いの繰り返しであった。香川県には空海が開いた満濃池《まんのういけ》はじめ多くの溜池があるが、幼少時の大平も日照り続きの夏には、「土瓶に入れた水を稲の一茎々々に丹念にかけてやる」(『私の履歴書』)という気の遠くなるような作業に従事した。

大平の気質は、国語学者であり評論家である芳賀綏《はがやすし》が形容した「農魂」という言葉に凝縮されよう。のちに作家たちが「土のにおい」(橋田寿賀子)、「お百姓さんのような人」(城山三郎)と記した大平のイメージは、幼少期から青年期にかけて、身について離れないものであった。いずれにせよ、父母や兄弟姉妹の温かい庇護《ひご》のもと、彼は豊かではなくとも、困窮するほどのこともない、まずまず平凡で幸せな日々を送ることができた。

目立たなかった少年時代

一九一六（大正五）年四月、大平は和田村立大正尋常高等小学校（現観音寺市立豊浜小学校）に入学した。この頃の彼は、身体は大きくがっちりしていたが、温厚で辛抱強く目立たない少年であった。のちに友人たちの多くは、この時代の彼について、口数の少ない、おとなしい感傷的な人柄、純粋無垢《むく》の少年で、はにかみ屋、恥ずかしがり屋であったと思い起こし、逸話のないのが特徴であったと語っている。

また、大平は生来争いを好まぬ性格であったらしい。きかん坊同士の兄数光《かずみつ》と弟芳数《よしかず》が取っ組み合いの喧嘩をしたときは、大平がいつも仲裁役を務めた。姉ムマが語る次のエピソードも、少年大平のこうした性格の一端を物語っている。

あるとき、お父さんが大切にしていた松の木の枝が切り落とされていた。お父さんが怒って、枝をふりあげて〝誰がこんなことをやったんだ〟と言うと、正芳が走って行って手をついて〝わしが知らんでやったんです。こらえてつかあさい〟とペコペコ頭を下げよった。お父さんも〝この子には怒ることもできん〟と言いよりました。ほんとうは誰がやったことやら。

（『大平正芳・人と思想』。以下『人と思想』と略す）

一九二三（大正一二）年大平は、三豊《みとよ》中学（現観音寺第一高等学校）に進学した。父利吉の、次・三男には分けてやるものがないから、せめて学問ぐらいさせてやろうという気遣いであった。当時中学校へ進む者は、クラスでもせいぜい二、三人程度で、兄数光も小学校高等科を出て家業を継いでいた。なお、数光はのちに豊浜町長となり、大平の選挙を地元で支えた。

この三豊中学の学籍簿に、大平の小学校時代の最終成績が残されている。席次は四八人中二番で、理科と苦手の唱歌を除いて、修身、読方、書方、綴方《つづりかた》などは満点の一〇であった。興味深いことに、この頃、正芳は将来の希望を「官吏」としている。彼がどのような官吏像を描いていたか、身近にモデルがいたかどうかはわからない。なお中学校時代も小学校時代と同様、大平はおとなしい目立たぬ少年だった。級友たちは、のちに政治家として知られるようになった大平に、しばし当惑を覚えたという。

郷土の原風景

大平は、四国讃岐の明るく穏やかで豊かな自然と、温かい家族のもとに育った。他方で、社会変化の波にさらされ、急速に変貌を遂げていく農村の生活風景も彼の記憶の深淵《しんえん》に刻み込まれた。

一九一四（大正三）年に電灯がともり、翌年には隣の和田浜地区に電話がとどき、大平が小学校に入った一六年四月には、鉄道が初めて豊浜まで通じた。それは同時に、勃興《ぼっこう》期の日本資本主義が否応なく農村を巻き込んでいく風景でもあった。

大平の幼少年時代、郷里の讃岐を離れ鐘紡《かねぼう》はじめ大小の紡績会社へ、女工、時に男工として多くの若い男女が大阪辺りに出稼ぎに行っていた。郷里を後にした彼らは、時に見違えるように立派になって、女の人は、色が白くなり、お化粧が上手になって、田舎の青年にとっては、まったく魅力ある女性に変身したり、父兄にそれ相当の仕送りをして家計を助けるといった人がいた。

他方で、病気に罹《かか》り青白い顔をして帰郷し、静養する気の毒な人も見受けられた。当然のことながら、親たちは一生懸命に子どもの病気を治そうとして、家計をきりつめ、栄養を摂取させたりした。こうした光景を、大平はのちに次のように記している。

日本資本主義の歴史は、くしくもこうした農村のもつ不合理な構造に、その発展の弾力を求めてきたわけである。その是非善悪の批判は、色々の角度からなされようが、これからの日本資本主義の復興や再建は、（中略）農村の不合理な地盤に依存することではなくて、もっと新しい活路を逞《たくま》しく開拓するよう努力しなければならない。

（「郷里と大阪」一九五五年一〇月、『素顔の代議士』）

内海を越えてやって来る商人たちと農民たちとの取引にまつわるさまざまな出来事も、彼に社会の矛盾を感じさせた。

俗に「讃岐三白《さぬきさんぱく》」（塩、砂糖、綿）といわれるが、砂糖キビ栽培は大平家にとっても家計を支える重要な資源であった。農民は物を買うことも売ることも慣れていなかったので、商人にしてやられることも少なくなかった。

商人たちは、四斗樽《しとだる》に詰められた砂糖が、何本も庭先に並ぶ頃、大きな天秤棒《てんびんぼう》をかついでやってきた。この砂糖を風袋《ふうたい》込みで量るときのことである。商人たちは、天秤棒の端にかかった分銅《ふんどう》が、十分上がりきらない直前に、分銅をつるした縄の根っこを巧みにひねって、何貫何百匁《もんめ》と宣告するのが常であった。

大平は「もう少しその分銅が上りつめて、上下の運動が静止したところを見て、公正にその重量を計ってもらいたいものだ」とたびたび考えたという。商人のずるさに、少年大平がとてもくやしくてならなかったと述べるとき、その目線は都市と農村との関係に向けられた。これは砂糖に限ったことではなく、「青田売買だとか、立毛《たちけ》売買［収穫前の農作物の売買］のように、商人の金融力が加わってくると、問題は更に面倒になってくる」（『素顔の代議士』）と大平は付け加える。

さらに農村における地主・小作人の関係についても、彼は次のように書き残している。

肥料等は、大抵の場合、金融と結びついていた。肥料商は、多くの場合、地主を兼ねていて、植付や種蒔《たねまき》用の肥料を百姓に供給してやった。そして出来秋《できあき》になってから、相当高歩の利子と併せて、年貢米の形や、保有米を売った金でその「決済」をさせていた。又これらの肥料商は、肥料を通しての金融の他に、療養費、教育費、冠婚葬祭費等の不時の費用も併せて金融していた。百姓衆はこの「旦那」に抑えられて、身動きも出来なくなっていたし、主従の関係に近い、従属関係がそこに形成され、維持されてもいたのである。（「百姓・地主・商人」一九五三年八月、『素顔の代議士』）

大平は同時に、これらの地主金融が当時の農村にとってかけがえのない金融方式であり、慈父のような存在の地主、および地主の家族の謙虚で質素な生活ぶりを伝えている。しかし、農村の主従関係に近い隷属関係については、悪弊として心に刻まれたようである。

キリスト教との出会い

中学に進んでも、大平の生活に変わりはなかった。稲刈りのときは毎朝三時に起こされ、男衆と一緒に一反ぐらい刈る。それから朝飯をかきこみ、弁当も自分でつめて、裏道を駅まで走る。夜も、ガス灯の光で稲刈りにいそしんだという。

副業である麦稈真田についても、父が勉強が大事だから堪《こら》えてやれというのに対し、母は落第しても編まさなければならないと厳しかった。

一九二六（大正一五）年夏、三豊中学四年のとき大平は腸チフスに罹り、四ヵ月の間生死の境をさまよった。両親の必死の看病の甲斐あって一命は取りとめたものの、学業は遅れ、成績も半分以下に落ち込んだ。彼は家計に負担をかけないために海軍をめざしたが、試験直前急性中耳炎に襲われ、身体検査ではねられた。

翌一九二七（昭和二）年夏、大平一七歳のとき、病床の彼を昼夜の別なく献身的に介抱してくれた父が急死した。家業は兄数光が継いでいたものの、大平にとって家族にとって突然訪れた不幸であった。

経済的には恵まれなかったが、それでも親戚の援助や奨学金を得て、一九二八年四月、彼は高松市内の叔母サクの家に寄宿することによって、高松高等商業学校（現香川大学経済学部）に進んだ。大平によると、華やかだった大正デモクラシーの風潮がようやく色褪《あ》せ、前年の金融恐慌の余波も手伝って、明るい展望が見えない何かしら重い感じのする時代であった。それでも校内にはまだロマンチックな雰囲気が涸《か》れていたわけではなく、内海の明るく穏やかな自然と相まって、自由で闊達《かったつ》な学園生活を楽しむことができたという。

大平は家を離れることになって、家庭の束縛から解放された。野良仕事や副業に占領されていた時間を自分のものとし、初めて勉学と思索に専念することができたのである。それでも農繁期には帰郷し、実家の農作業を手伝うのが常であった。

この高商時代に、大平はその生涯の基調となるキリスト教に出会った。入学してまもない春、一人の宗教家が高商に来校し、講演を行った。元東北帝国大学教授だった佐藤定吉《さだきち》である。佐藤は三高（現京都大学）で片山哲《てつ》らと知り合い、キリスト教に近づいたのち、東京帝国大学工科大学応用科学学科に入った。救世軍の山室軍平《やまむろぐんぺい》らを助けてキリスト教の伝道をはじめ、一九二七年に無教会派のプロテスタントである〝イエスの僕会《しもべかい》〟を設立した。

死の淵《ふち》をさまよい、ようやく回復したと思うと父の突然の死に直面した大平が、魅せられたようにキリスト教に引きつけられていったことはある意味自然であったといえよう。もともと自己抑制的で内省的性向を持つ彼には、そうした求道的素養があったのかもしれない。

高松高商時代（中央）　友人二人と

当時の仲間の一人は「祈禱《きとう》会は、自分の精神的な悩みや家庭的な悩みなどを告白して、最後には神様にお願いするというかたちでした。太平さんは一番熱心で、涙を流しながら告白していました」（『人と思想』）と伝えている。大平は、その夏、長野県の浅間山麓で開かれたイエスの僕会第二回修養会に、さらに年末には、大伝道講演会に参加するために上京するなど、一途《いちず》にのめり込んでいった。

洗礼

一九二九（昭和四）年夏、大平は再び病に見舞われた。軽い湿性肋膜炎《ろくまくえん》を患い、しばらくの間微熱が続いた。この頃彼は一時、社会科学を学校で学ぶことに興味を失い、学校を続けるべきかどうか思い悩む日々を送り、休学した。療養中、彼はキリスト教関係の本だけでなく、哲学や詩やエッセイをむさぼるように読んだという。同年暮れ、正芳は観音寺教会で洗礼を受けている。

大平はしばしば「人間というものは、そんなに立派な存在ではありません」「大体人間というもの程完全でないもの、欠点の多いものはない。神様はよくも、このように欠点の多い人間を、とりどりに創造したものだと驚く」と語っている。

キリスト教は、彼に人間の弱さを改めて自覚させ、神に対する畏《おそ》れの念を植えつけ、「人間は強くないし、愚かでもある」という諦観《ていかん》を心中深くに刻み込ませたようだ。しかし同時に、彼はこうした弱さを持つ人間によって作られる社会を、決して厭《いと》うことはなかった。

もともと世界は、われわれを満足させるようには構成されていないようです。世界は特にわれわれに悪意も好意ももっていないようです。問題はわれわれがこの世界をどうするかということであり、世界は受身の形でそれを見守っておるようです。永い人類の歴史を通して、われわれの先人は、いつの時代においても苦悩と苦闘を重ねてきたのです。何度も何度もその改革を試みては失敗してきたのです。たまに改革ができたと思って喜んだ瞬間、また新たな苦悩ができ、みんなが幻滅に泣いたのです。われわれは、こういった苦悩の深淵にいつも生きておったし、今後もそれから脱却することはできないと観念するより他に道はないようです。（「変革と対応」一九六八年三月一一日、『旦暮芥考』）

このキリスト教との出会いによって、「苦悩と苦闘」の積み重ねのなかに、人間と社会との関係における、ある種の均衡と調和が生まれるという信念に似たものが、彼の人生観・社会観を支配することになった。

大平が三年に進級したとき、日本はまさしく昭和恐慌の真っ只中にあった。彼自身は大学への進学を希望し、秘《ひそ》かに東京商科大学（現一橋大学）に入学志望の手続きをとっていたが、母は四国水力（現四国電力）に就職させようと考えていたようである。

しかし、東京商大への進学は経済的に困難であり、不況のなか、採用の見送りもあり、大平は進学も就職も宙ぶらりんな状態におかれた。こうしたとき、大阪の桃谷順天館《ももたにじゅんてんかん》（社名は「天に順《したが》い人に奉仕する」に由来する）という化粧品会社で、彼の信仰の師である佐藤定吉博士の発明による薬品を企業化しようという動きがあり、大平は社長の桃谷勘三郎《かんざぶろう》から入社を勧められた。

一九三二年三月高商卒業後、大平は大阪に出て、桃谷の屋敷を仮事務所として仕事に取りかかった。だが、秋になっても新薬が製品化されることはなかった。「煙都の一隅に細々とした数字と統計に玉の汗をかく自分」（『伝記編』）に思い悩む日々が続いた。彼の心に、いったんはあきらめた学窓に戻り、再起を図りたいという思いが沸々と起こりつつあった。

東京商大時代――「楕円の哲学」の源流

大平は高商入学以来、何度か東京を訪れ、その活力と可能性に「生きがいのあるまち」だと、憧《あこが》れを抱いていた。一九三三（昭和八）年、二三歳にして大平は、二つの奨学金（坂出《さかいで》市の鎌田共済会と香川県育英会）を得て、東京商大の門をくぐることができた。

大学入学後も、大平とキリスト教との縁は続き矢内原忠雄《やないはらただお》の聖書研究会や賀川豊彦《かがわとよひこ》の教会を訪ねたりしていた。また一橋YMCA寮建設の募金活動のために、関東、関西一円の卒業生を訪ね歩いたこともあったという。

大平は、必修科目のほか経済哲学の杉村広蔵《すぎむらこうぞう》助教授、法律思想史の牧野英一《えいいち》教授、さらにシュンペーターの流れをくむ新進の学究中山伊知郎《いちろう》助教授らの講義を手当たり次第に受けたという。そのなかで思想史とりわけ経済の思想史への関心を深めていき、二年に進級すると上田辰之助《たつのすけ》教授のゼミナールに参加した。

上田先生は、経済学者というよりも、むしろ社会学者であり、社会学者である前に実のところ言語学者であられた。したがって、先生のトマス・アクィナスの研究その他のお仕事も、その言語学的な素養を抜きにしては考えられないものであった。（中略）R・H・トーニーの『獲得社会』をテキストとして、彼の経済思想をというよりは、トーニーの英文自体の言語社会学的な解明を教わった。（中略）私は先生から、きびしいしごきを通して言葉を大切にすることを教えられた。

（『私の履歴書』）

東京商大時代

商大という学舎は、大平という人格と思想を形成する上で、強い影響を与えた。上田ゼミで鍛えられた「言葉を大切にする」教えは、のちにさまざまな著作に存分に生かされた。また杉村について、彼は「わたしの思想というものが仮にあるとすれば、「杉村先生の思想が」それをつくるものの考え方の素材となっている」（『在素知贅』）と述べている。大平は杉村から、歴史に対する考え方、資本主義と社会主義に対する見方、貨幣に対する考え方や生産と貯蓄と投資の機能とその限界など経済活動にまつわるさまざまなものを学んだ。なかでも、経済性の理念を文化価値と併せて考えることに強く触発されていた。杉村の著書『経済倫理の構造』（一九三八）

は亡くなる直前まで彼の傍らにおかれ、その表紙はすりきれていた。さらに商大について大平は、「同窓の結束はかたく、私はそのファミリーに仲間入りを許されたばかりに、どれだけ助かったかわからない」（『私の履歴書』）と記している。実際、のちに選挙や資金面で随分助けられたようである。

卒業論文は「職分社会と同業組合」と題する、恩師上田辰之助の強い影響を受けたものだった。それはイギリスの経済史学者リチャード・トーニー（R. Tawney）が『獲得社会』（*The Acquisitive Society*, 1921. 戦後邦訳され『強欲な社会』）で分析した資本主義社会の弊害を、同じく師から学んだ中世の聖トマス・アクィナスの政治経済哲学、特に「協同体思想」によって克服する道を示そうとしたものである。大平は言う。

自由競争も階級闘争も、共に社会を混乱に陥れ、資本主義社会の頽廃《たいはい》現象は覆うべくもなく私共の眼前に露呈されている。所謂《いわゆる》近代精神はその往《い》くべき処《ところ》を行きつくし、今や新たなる転回を余儀なくせしめられつつある。（中略）この対立を止揚せる全体、分裂を克服する統一、闘争を越えた調和が要望されるのは、歴史の必然の歩みである。

（『資料編』）

ただ、トーニーの議論は、近代社会の矛盾を暴くものではあっても、大平に満足のいく回答を与えるものではなかった。彼はこの解決を、アクィナスの政治思想の根幹をなす、社会全体の共通の目的を実現するために、社会または国家の一構成員が受け持つ役割を意味する「社会職分の原則」と「協同体思想」のなかに見出し、宗教と社会、個人と国家、部分と全体それぞれの関係への認識を深めた。

同時に、現実的な関心として、アメリカの同業組合のあり方に着目し、それを「国家と個人を媒体する組織」としてとらえる見方を打ち出した。同業組合を単に、政治や経済の側面だけでなく、「個人の社会に対する正しい結びつきを教え、更に進んで全体の為に殉ずる精神を培養する」(『資料編』)ものとしてとらえたのである。

ここに、大平は資本主義が頽廃し、資本主義と共産主義とが激しく対立する時代に対して、近代産業社会を超えて協調を求める政治観・世界観の基礎を確立したのである。対立と緊張のなかから調和を求めるその姿勢は、のちの「楕円《だえん》の哲学」の源流ともいえよう。

2　大蔵官僚として

大蔵省入省

卒業が近づいて、大平は将来の進路に迷う。三年生のとき、彼は友人たちに刺激されて高等文官試験を受け二ケタ番で合格していたが、心の隅にある住友への憧れを消し去ることはできなかった。それは故郷香川でみた住友四阪島《しさかじま》製錬所の煙に、そして別子《べっし》銅山に働く故郷の人びとの記憶に連なるものであった（四阪島製錬所は一九七六年に操業停止、別子銅山は一九七三年に閉山。ともに愛媛県）。

大平の進路を決めたのは、郷里の先輩で当時大蔵次官であった津島寿一《じゅいち》の一言であった。就職の斡旋《あっせん》を依頼にいった大平に、津島はいきなり「大蔵省に来い。本日ただいま、ここで採用してやる」と告げたのである。何とも型破りな採用であった。

一九三六（昭和一一）年、二・二六事件の余燼さめやらぬ四月、大平は大蔵省に入省した。二級上に橋本龍伍《りょうご》（のち厚相）、一級上に黒金泰美《くろがねやすみ》（のち官房長官）、一年後輩に村山達雄《たつお》（のち蔵相）、佐藤一郎（のち経済企画庁長官）らがいた。

当時の蔵相は貴族院議員の馬場鍈一《えいいち》である。入省の日の馬場の訓示を、大平は次のように書き留めている。

新調の洋服に希望の胸をふくらませた十人の新入学士は、大蔵省で勢揃いして大蔵大臣官邸に行った。（中略）時の蔵相は馬場鍈一氏であったが、馬場さんは愛想のよくない表情で、一同に次のような訓示をされた。「諸君は大学を卒業したのだから、学問はこれでおしまいだという心根であってはならない。これから本当に学問を始める意気込みでなければならぬ。英語では卒業のことをコメンスメント［はじまり］というが、これはいみじくもいった言葉だ」というような意味のものであった。（『財政つれづれ草』）

大平が配属されたのは、預金部（のちの資金運用部）兼官房の財政経済調査課であった。高橋是清《これきよ》が二・二六事件で惨殺された後、大蔵省では日本の準戦時体制化のための政策立案を急ぎ、そのため外国の財政政策、特にナチスが政権を獲得してまもないドイツの政策に関する大がかりな研究がはじまっていた。大平も最初の半年、ナチス政権の資源政策文書の翻訳などをやらされた。

この間、大平ら新入組は、「半分勉強、半分遊び」といった体で、野球に興じたり、読書会を楽しんだりもしていた。テキストは、カール・マルクス『経済学批判』、ドイツ社会民主党の理論的指導者ルドルフ・ヒルファーディング『金融資本論』、ドイツの経済学者エルンスト・ヴァーゲマン『景気変動論』、マルクス経済学者の山田盛太郎《もりたろう》『日本資本主義分析』、近代経済学者ジョン・メイナード・ケインズ『貨幣論』など多岐にわたり、自由が抑制されていた時代ではなかった。

入省の翌年四月、大平は恩師上田辰之助の媒酌により、三木証券を興した実業家鈴木三樹《みき》之助《のすけ》の次女志げ子と結婚した。「平凡な見合い結婚であった」という。志げ子との間にのちに三男一女を授かっている。

「楕円の哲学」「永遠の今」

一九三七（昭和一二）年七月、大平二七歳のとき、横浜税務署長に着任した。このときの上司が、のちに大平の運命を変える池田勇人（当時東京税務監督局直税部長）である。

赴任直後の七月七日、日中戦争の発端となる盧溝橋《ろこうきょう》事件が起こった。役所の同僚も続々と召集され、なかには不幸にも戦死者が出るなど、期待に胸ふくらませ入省した彼の周囲にも、戦火の靴音が響きはじめていた。

この横浜税務署長のときである。一九三八年正月、新年拝賀式で、大平は次のような挨拶を行った。

行政には、楕円形のように二つの中心があって、その二つの中心が均衡を保ちつつ緊張した関係にある場合に、その行政は立派な行政と言える。（中略）税務の仕事もそうであって、一方の中心は課税高権であり、他の中心は納税者である。権力万能の課税も、納税者に妥協しがちな課税も共にいけないので、何《いず》れにも傾かない中正の立場を貫く事が情理にかなった課税のやり方である。

（『素顔の代議士』）

大平にはものごとを考えるとき、互いに相反する二つの中心を対峙させ、両者が作り出す均衡のなかに調和を見つけようとする態度が終生一貫して見られる。課税者と納税者、すなわち治者と被治者との関係において、いずれにも偏することのない「中正」の立場を説いた。それはのちに「楕円の哲学」と呼ばれる大平の人生哲学・政治哲学の最初の吐露であった。この思索と行動の体系はまた、一面で機の熟するまで待つ、「待ちの政治」という彼の政治スタイルを生み出していく。

「楕円の哲学」が空間における調和の論理であるとすると、同様に大平が好んで用いた言葉「永遠の今」(eternal now)は、時間における調和の論理であった。哲学者田辺元《はじめ》の「時間というものは今しかないのである。過去や未来は現在に働く力であって、時というものには現在しかない」という言葉を引いて、大平は次のように語っている。

「過去を捨象すると革命になり、未来を捨象すると反動になる」というのが田辺哲学の教えているところだと思う。現在は、未来と過去の緊張したバランスの中にあって、革命であっても困るし、反動であってもいけない。未来と過去が緊張したバランスの中にあるように努めていくのが、「健全な保守」というものではないだろうか。私は保守主義をこのように考えている。

(「橋畔随想　保守の哲学」一九七八年二月、『在素知贅』)

思想・行動軸だけでなく、時間軸でも、大平は過去と未来の均衡のなかに調和を見出し、自らを「保守主義者」と位置づける。ここには単純な過去への回帰も、一足飛びの未来への憧憬《しょうけい》もない。

「本来歴史というものは（中略）最終的な解決なるものはないのであって、暫定的解決を無限に続けていくのが歴史だと思う。毎日汗をかいている姿が歴史である」（『風塵雑俎』）という、結果よりプロセスを重んじる姿勢も生まれてくる。

大平の思想と行動の体系は、歴史をタテ糸に哲学をヨコ糸とし、それが紡ぎ出す綾《あや》のなかから生み出されていた。

仙台税務監督局時代――治者と被治者

一九三八（昭和一三）年六月、大平は横浜から仙台税務監督局に転じ、間税部長に就任した。間税部は、いわゆる間接税（酒、たばこ、揮発油、砂糖、印紙などにかかる消費税）を扱う部署である。当時の東北地方にはこれといって大きい工場もなかったので、間接税の財源は多くを酒税に頼っていた。

他方、東北では、自分の家で作った米を利用して、こっそり「どぶろく」を密造して飲む者が多かった。その分違法性の認識も低く、いきおい間税部の仕事の多くがどぶろく対策に費やされることになった。間税部は、警察と協力して、密造の現場やどぶろくを摘発し、密造者を処分する、検挙第一主義をとっていた。

しかし、それはしょせん必要悪のいたちごっこにならざるを得ない。時にどぶろく摘発の現場に立ち会うこともあった大平は、「権力」と「民草《たみくさ》」、「治者」と「被治者」の「不幸な接点」に立って、「何かしら割り切れない、やり場のない気持ち」に沈んだという。

誰も進んで国法を犯そうとする者はいない。已《や》むに已まれぬ事情があるからに違いない。而《しか》して犯罪をどう矯正し予防するかの道は、官憲の威圧という手っ取り早い力に依存するよりは、矢張り根本において、手近なところから辛棒［ママ］強く教育してかかる方が、速効はないが地道な実効的方法であろうと思う。（『素顔の代議士』）

間税部では摘発の一方、密造を根絶するための方途として、「酒類密造矯正会」という啓蒙組織をつくり、農民意識の転換に努めた。これにどれほどの効果があったかはわからないが、大平は職掌がらこの仕事に熱心に取り組んだ。

彼はモンゴル帝国初期の政治家耶律楚材《やりつそざい》の言葉「一利を興すより、一害を除くに如《し》かず」を座右の銘としたが、気負わずに、淡々と、結果よりもプロセスを重視し、現実的に問題を処理することを旨とした。のちに「六〇点主義」の哲学とも呼ばれたが、大平のそうした姿勢がここからは垣間見える。

興亜院への出向——もう一つの「満州国」へ

一九三九（昭和一四）年五月、大平は興亜院に出向となり、翌月内蒙古《ないもうこ》の張家口《ちょうかこう》に赴任することになった。一〇月、入れ替わるように岸信介が三年の在満勤務を終え、商工次官として帰国した。岸は関東軍に請われて中国に渡り、そこで産業経済の問題をすべて任され、思うがままにその手腕を振るった。彼にとって満州国は「私が描いた作品」にほかならなかった。

興亜院は、占領地に対する政務・開発事業を統一指揮するために、前年一二月に設立された。設立に際して生じた軍部と外務省の激しい鞘当《さやあ》ては、この機関の自立性を難しくしていた。首相（近衛《このえ》文麿《ふみまろ》）が総裁を兼任し、総裁の下に副総裁四名と総務長官（柳川《やながわ》平助《へいすけ》陸軍中将）、政務部・経済部・文化部が、また現地に連絡機関として、華北（北京）・蒙疆《もうきょう》（張家口）・華中（上海）・厦門《アモイ》の四ヵ所に「連絡部」が設けられた。

当時の興亜院では、北京に愛知揆一《きいち》（大蔵省）、東畑四郎《とうはたしろう》（農林省）、佐々木義武《よしたけ》（商工省）、上海に伊東正義《まさよし》（農林省）らが派遣されていた。

大平が赴任した蒙疆地方は、盧溝橋事件をきっかけに関東軍によって次々と日本軍の支配下におさめられていった。一九三七年九月、張家口に最初の傀儡《かいらい》政権として察南《さつなん》自治政府が樹立されて以降、一〇月晋北《しんほく》自治政府・蒙古連盟自治政府、一一月蒙疆連合委員会が設置され、同年末駐蒙兵団が編成された（同兵団は、一九三八年七月駐蒙軍に改組され、北支那方面軍の傘下に入った）。

一九三九年九月には蒙古、察南、晋北各政府が合同し、蒙古連合自治政府が成立、その主席に蒙古人の徳王《とくおう》が就いた。内蒙古全体の人口は七〇〇万～八〇〇万人だったが、その大部分を漢民族が占め、蒙古人はわずか二〇万～三〇万人に過ぎなかった。その自治政府の主席に、蒙古人の徳王を据えたこと自体、大平も記しているが「いかにも不自然」といえる。

自治政府は、「満州国の独立に刺戟《しげき》されて起こった、徳王を中心とする蒙古の自治独立を熱望する有識者」の協力のもと、蒙古民族の復興と交流を中核とし、漢民族、回教民族の「民族提携、民族協和という一大理想を抱懐する」ことによって作られた（『満洲経済』第一巻六号）。その意味で、もう一つの「満州国」とも呼ぶことができよう。

まさしく国づくりがとば口についたとき、大平は中国に出向くことになったのである。彼が赴任するにあたり、上司は「さしずめ君は大蔵大臣のようなもので、自分の裁量で白紙に絵をかくように、財政や経済の仕事をすることもできるではないか」と口説いた。しかし、それはしょせん仲人口《なこうどぐち》であり、現実の占領地では軍政が布かれ、興亜院の幹部も主に陸海軍の将校で占められていた。

蒙疆連絡部での体験

大平に与えられた役職は、蒙疆連絡部の経済課主任（翌年課長に就任）であったが、「現地の軍や政府の連中は、興亜院のわれわれを厄介者扱いし、『何のためにやって来たのか』といわんばかりの冷遇ぶりであった。いきおい毎日の勤務も楽しかろうはずがなく、私は怏々《おうおう》［快々］として楽しまない毎日を送っていた」（『私の履歴書』）と回想している。

蒙疆地方は農業地帯で、粟《あわ》などの雑穀、芥子《けし》などの農産物の移出地帯であった。輸出品にはアヘンの占める比重が高く、一九三八〜三九年の税収のうち、アヘン税は二六％を占めていた。大平が着任したときにはすでに満州国から専売局職員約三〇名が赴任し事業を展開していたが、大平が職務としてアヘン政策に関わったことはたしかである。しかし、この仕事は、大平にとって決して愉快なものでなく、彼自身書き残すことはもちろん語ることすらなかった。女婿森田一によると、ただ一言「嫌だった」と漏らしたことがあるという。

また、占領地の経済政策も大平にとって矛盾だらけに思えた。

現地の実情を知らぬ東京は、杓子《しゃくし》定規な低物価政策の原則を固持して譲らなかった。その結果は、日本側の掌握している物やサービス、例えば石炭、塩、鉄道運賃、電気や電信の料金だけに低物価政策が実行され、現地人の経済圏には、一向に浸透しなかった。日本は点と線を支配しているにすぎなかったからだ。（『私の履歴書』）

大平は現地で、上からの経済統制がいかにうまくいかないかを身をもって体験した。とはいえ、蒙古連合自治政府は一応政府であり、独自の中央銀行券を発行し、治安はもとより、財政、経済、物価、為替などについても独立した運営を行っていた。この張家口での約一年半の中国体験について、のちに大平は「素朴ながら国家の『原型』というようなものを勉強するには、またとないよい機会を与えてくれた」（『私の履歴書』）と述べている。

外の世界を見たこと、しかも招かれざる支配者として見たことは、大平をして治者と被治者の関係に改めて注目させるとともに、彼の中国観に陰影を与えた。戦後、「日中関係は成功の歴史よりも失敗の歴史の方が多かったんじゃないでしょうか。加害者である立場と被害者である中国、わが国が中国に害を加え、中国が被害を受けたという、そういう日中関係を、あまりフェアにみていない」（『複合力の時代』）と語っていることは、その一つの証左であろう。

のちに大平の右腕となる伊東正義も次のように証言している。

この興亜院時代に私たちは当時の日本の植民地行政の片棒を担いだことになるわけだが、若いにもかかわらず大きな任務を任されたこの時期の経験が、のちの政治家としての仕事に大きく役立ったことはまちがいない。大平さんが現地の軍部の独善的なやり方や、実情を知らない東京の役人の統制的な考え方を、大胆に批判していた口調が、いまでもハッキリと私の脳裏に残っている。

（『政治的遺産』）

翌一九四〇年一〇月、大平はようやく中国勤務から解放され、帰国の途についた。ちなみに三〇年後首相の座をめぐり争うことになる福田赳夫は、一九四一年六月、汪兆銘《おうちょうめい》政権顧問として中国に渡り、四三年六月帰国した。この間「福田公館」と呼ばれた、ゴルフの打ち放しができるほどの豪邸に住み、三名の秘書役を持っていた。それゆえか、福田の中国経験に、大平のような影は見出せない。

帰国後、大平は興亜院本部で、北支那開発株式会社と中《なか》支那振興株式会社を担当し、対支投資計画を立て、その実行を監督する仕事などを、実務に長《た》けた能吏として堅実にこなしていった。それは一面で「対支侵略の手先だといわれても返す言葉がない」(『素顔の代議士』)砂を嚙む思いを抱かせるものであった。

こうした大平の心を慰めたのが、大蔵省の宮川新一郎、若槻克彦《わかつきかつひこ》、農林省の伊東正義、鉄道省の磯崎叡《さとし》(のち国鉄総裁)、商工省の村田恒《ひさし》(のちJETRO〔日本貿易振興会。現日本貿易振興機構〕理事長)、鹿子木昇(のちアジア経済研究所所長)との交わりであり、彼らは「七賢会」と自らを称し、友情を暖めていった。その後大蔵省の大槻義公《おおつきよしひろ》(のち日本専売公社副総裁)と満鉄(南満州鉄道)の佐々木義武(のち衆議院議員)が加わり「九賢会」となったが、その世話役として補佐したのが大来佐武郎《おおきたさぶろう》であった。のちの第二次大平内閣に、伊東が官房長官、佐々木が通産相、大来が外相として入閣した際には、自民党内からは「興亜院内閣」と陰口をたたかれた。

大蔵省への復帰

一九四二年夏、三年におよぶ興亜院への出向を終えて、大平は大蔵省に復帰し、主計局に配属された。ここで彼は、文部省と南洋庁の主査を命じられる。

戦局が次第に暗転していくなか、あらゆるものが戦争の遂行に動員され、教育もその例外ではなかった。「文教刷新」という名目で、東条英機内閣は科学技術の振興、師範学校の専門学校への昇格、英才教育の奨励、東洋文化の開発その他を重点項目として指示した。学校新設問題について、文部省は一五の高等工業、一一の医学専門学校、四つの高等師範の新設を求める予算を請求してきた。この無謀ともいえる要求に、大平は「教育の振興は、輪奐《りんかん》の美を誇示することでもなければ、学校や学科の増設を急ぐこともないはずである。ましてや技術者や医師は、促成栽培が効くものでもない。すべてが、時局柄とはいえ、いささか性急すぎる沙汰《さた》」（『私の履歴書』）であると、公憤を禁じ得なかった。彼は文部省の請求を斥《しりぞ》けたが、結局手の届かないところで決められた。

この頃、大平が手がけた仕事の一つに、大日本育英会（現日本学生支援機構）の創設（一九四三年一〇月）がある。自身、奨学金によって学修の機会を与えられたという経験を持つ大平にとって、「野に遺賢なからしめ」という趣旨は十分に賛同できるものであった。他方、その設立目的の不明瞭さは大平を戸惑わせた。その目的は「秀才」の育成なのか、父兄の経済的負担の軽減にあるのか曖昧《あいまい》であった。

大平は、国の手になる育英事業は、本当の英才に限られるべきであると考えた。その結果、当初の中学二〇万人案は言うに及ばず文部省の三万人案よりも少なく査定した。大平の案は、文部省はもちろん、大蔵省首脳からも厳しすぎるという批判を浴びた。最終的には、上司である植木《うえき》庚子《こうし》郎《ろう》主計局長（のち衆議院議員）の、貧しい家に生まれ、辛酸を嘗《な》めてきたという自らの身上にこと寄せた切々たる説得の前に、大平も譲歩を余儀なくされた。大平はのちに反省の弁を述べている。

大蔵省の役人というのは、職業柄、何をやるにしても、なるべく金をかけないように心懸ける本能をもっていた。そのことは、確かに一面、よいことには違いないが、他面、そのために中途半端なものが出来上がって、悔を後年に残す場合もあったことは否めない。（中略）私などは、勿論《もちろん》貧困に育った身であるから、どちらかと言えば、寸銭を惜しむ本能においては、人に劣るものではなかった。従って、私の予算査定は、大抵の場合、きびしかった。大日本育英会も、不幸にして、きびしい私がその産婆役にめぐり合せたわけだ。

（『財政つれづれ草』）

「国民酒場」創設

一九四三（昭和一八）年一一月、大平は池田勇人に口説かれて東京財務局間税部長となった。二人の関係は、以降さらに濃密さを増していく。

このとき携わった仕事の一つとして、彼は幾分誇らしげに自らの発想になる「国民酒場」の創設を挙げている。大戦の真っ最中ということもあり、酒の製造、販売はすべて統制され、業者団体さえも任命制がとられていた。酒類は、軍用、産業用、業務用、一般家庭用に分けて配給されていた。そこに東条内閣は「享楽停止令」を発令して、高級料理店、カフェー、バーを閉鎖した（一九四四年三月）。停止令の結果業務用の酒が浮き、そのままにしておけば浮いた酒は軍用や軍需産業用に回ることになる。

大平が考えたのが、その酒を使い、戦いに倦《う》み、耐乏生活と厳しい勤労に疲れた空気が見えはじめていた国民の疲れを癒《いや》し、うさ晴らしさせるための酒場を開くことであった。国民酒場は、東京市内に三〇〇軒程度つくられ、次第に戦況が厳しくなり、激しい空襲が続くなかでも、一九四四年五月から終戦まで続けられた。なお、大平自身はほとんど酒を嗜《たしな》まない。

一九四四年七月二二日、東条内閣の後を受けて小磯国昭《こいそくにあき》内閣が成立した。七月九日のサイパン陥落を受け、帝国は敗戦という終着駅に転げ落ちようとしていた。一九四五年二月、この内閣で、石渡荘太郎《いしわたそうたろう》の後を受け津島寿一が蔵相となり、大平は初めて秘書官を経験する。郷里の先輩であり、大平を大蔵省に採用した津島は、彼にとって厳格で怖い存在であった。

このとき官房長に就任したのが福田赳夫である。だが二人の交流は束の間に過ぎず、その後も親しく交わることはなかった。

敗色がますます濃くなるなかで、知人の一人は、この頃大平が「日本が敗けることは何より残念だが、今の日本のように軍部独走でもし勝ったとしたら恐ろしい世の中になるだろう。そしてそのような日本は早い時期に倒れる日がくるのではないか」(『人と思想』)と、当時としては思い切ったことを話していたと伝えている。

3 大平と「戦後」の出発

「三角大福」――それぞれの八月一五日

津島の在任期間はわずか四五日間であった。一九四五(昭和二〇)年四月、鈴木貫太郎《かんたろう》内閣が成立すると、大平も同一八日古巣の主計局に戻った。そして、敗戦の日を、大平は世田谷区の桜上水《さくらじょうすい》に疎開していた主計局で迎えた。

陛下の録音放送を聞きながら、中村[建城《たてき》]局長はさめざめと泣かれたが、私にはどうしたものか、これという感動はなかった。むしろ、遂《つい》に来るべきものが来たという安《あん》堵《ど》感に浸っていた。（『私の履歴書』）

のちに首相の座を争うことになるライバルたちの迎え方もさまざまであった。

田中角栄は田中土建工業の総帥として、理化学研究所の工事のために朝鮮に渡っていた。外地で終戦を迎えた田中の動きは速かった。軍票一五〇〇万円を現金に換え、釜山から海防艦に潜りこみ、八月二六日には東京に姿を現した。田中は一九四六年四月総選挙での落選をバネに、翌四七年総選挙後には代議士として議場に姿を見せた。

福田赳夫はこの日を、大蔵本省の地下室で迎えた。すでに敗戦の報を知っていた彼は、「さまざまな情報を得ていたとはいえ、私もただただ茫然《ぼうぜん》、これからどうなるのか、何も分からない。全く先の見通しなどつかなかった。しかし、これから歴史的な新しい幕が開かれる、私はそう思った」（『回顧九十年』）とのちに記している。

三木武夫は終戦を、疎開先の埼玉県秩父《ちちぶ》で迎えた。衆議院議員だった三木は、このとき一度は議員を辞めようと考えた。夫人によれば、「自分は国民に対し、国会議員として戦争の責任を負わなくてはならない。だから、国会議員はもう辞める。グロッサリー（食料品店）をやろうか」（『信なくば立たず』）ともちかけたという。だが、三木は一九四六年四月、徳島県から無所属で立ち、三選を果たす。

彼ら四人の反応は、いずれも奇妙なまでに冷静であったといえよう。

終戦とともに、鈴木貫太郎内閣は総辞職し、八月一七日、初の皇族を首班とする東久邇宮《ひがしくにのみや》稔彦《なるひこ》内閣が成立した。津島寿一が再び蔵相として入閣し、大平は宮沢喜一とともに再びその秘書官を務めることになった。

宮沢は大平と初めて親しく言葉を交わした日、二人で芝生に座り、敗戦の虚脱状態のなか焼け跡をぼんやりと眺めたという。そして大平は呟《つぶや》くともなく、次のように言ったという。

これで日本は何もなくなってしまった。これからどうやって日本人を食わせるか。外地から帰ってくる人も多いだろう。何百万人が餓死しなければ日本は生きられないかも知れない。すべてが止まってしまった今の日本で、鉄道だけがとにかく動いている。この鉄道を担保にしてアメリカから金を借りる手はないだろうか。

（『去華就實』）

宮沢は、かつてアメリカの富豪エドワード・ハリマンが満鉄を担保にして金を貸すという話を思い出し、それが大平の幻想を生んだのかと思ったが黙っていたという。八月末、マッカーサーが日本に進駐する数日前のことである。

民主化と日本国憲法

一九四五（昭和二〇）年一〇月四日の「人権指令」の衝撃のなか、翌日東久邇宮内閣が総辞職し、幣原喜重郎《しではらきじゅうろう》内閣が成立すると、大平は秘書官の任を解かれた。

マッカーサーの総司令部（GHQ）は、「非軍事化」の任務を終え、次なる課題である「民主化」へと突き進もうとしていた。同一一日に出された「五大改革指令」は、そのカタログともいうべきものであった。その後、財閥解体、国家と神道の分離指令、公職追放など、矢継ぎ早に出された諸指令は日本の政治・経済・社会その他さまざまな分野に及んだ。これら民主化の頂点に立つのが、日本国憲法の制定であった。後年、大平は新憲法について次のように語っている。

［日本国憲法は］いわば、戦後の不順な天候の間にね、一瞬青空が見えたということで、あの状況のもとで考えられる限りの、非常に理想的なヒューマニズムを打ち出した一つの芸術品だったと思うんです。だけども、これはりっぱなもんですけれども、まあッー・アイディアリスティックという感じがする。しからば、これを日本のハダにあったように改定したいと思うでしょう。だけど、現実の改定というアクション――非常に大きな国民的な行事をいまの段階で用意して、それをにないきるだけの体力が日本にあるかというような判断になると、まだわたしは自信もてない。

（「自民党実力者に聞く」『朝日ジャーナル』一九六一年一〇月九日号）

この言葉は改憲に消極的だった大平の姿勢を示すものである。彼には少なくとも、戦後の混乱のなか新憲法が「一瞬［の］青空」であり、「一つの芸術品」ととらえることのできる感覚があったといえる。

大平の「国家改造プラン」

主計局での大平の仕事は予算の総括のほか、戦後財政の応急処理にあった。この頃、彼はいくつかの政策提言――「官業払下問題」「戦後財政再建策覚書」、そしてこれらの考えをもとに、より包括的な「財政危機対策要綱メモ」をしたためている（いずれも『資料編』所収）。これらは、当時の彼の考えを示すもので、この国の財政に対する建策であると同時に、彼なりの国家改造プランでもあった。

当時の政治の最大の課題は、インフレの克服と経済の再建、そしていかに財政収支を均衡させるかにあった。もっとも、財政収支の均衡は、大平も述べているように、ここ二、三年はどんなに努力しても絶望的であり、明年度以降の財政調整の道標として、「向う五カ年間位収支均衡を回復すべき財政計画を樹立し、国民経済の自由的運営の準縄《じゅんじょう》［基準となるもの］を与え国家信用の回復と民心の安定に資すること」（「官業払下問題」）以外に方途はなかった。

財政収支の均衡、インフレの阻止あるいは抑制との関連で緊急の課題となったのが、国債処理であった。当時、戦時中に大量に発行された国債を償還するか、それとも敗戦を理由にして償還せずに切り捨てるかという議論があった。大蔵省は、たとえ戦いに敗れたとしても国の信用は失うべきでないとして、国債償還の方針を立てており、大平も当然ながらこの立場であった。

　大平は、国債償還の財源を得るため、官業の払下げを提案する。それは戦後産業政策の立場から見ると、敗戦後収縮した民間の資本・技術・労働力の市場を広げ、民間企業の活動を活発化するものである。同時に官業の解体は日本経済の沈滞を打破し、財閥の解体を通して闡明《せんめい》せられた連合国の日本経済の民主化という大道にも沿う。そこには官による統制を解き、経済発展における「民間活力」への信頼が吐露されている。なお彼が挙げた払い下げる官業には、国鉄、専売局、印刷局などが含まれていた。

　また国債の処理が引き起こすであろう社会不安を避けるための最も有力な手段として、大平は連合国、特にアメリカから物的援助を仰ぐ必要を主張する。そのために、日本の国際的信用を回復しなければならず、日本政府は経済の復興その他の善後措置を世界環視のなかで努めると同時に、政治的民主化への脱皮を強力かつ急速に行い、世界世論を緩和する必要があるとする。なぜなら、日本の産業復興の基本線は国際貿易に参加するしかなく、これがまた物的援助を仰ぐ呼び水ともなるからである。それは、当時吉田茂が考えていたことと通じるものであった。

これらをまとめて、大平は「財政危機対策要綱メモ」で、次のように展開する。日本経済の現状は縮小再生産の方向に加速度的に向かいつつあり、インフレの昂進《こうしん》が政治的危機へと転化する危険を持っている。その対策として以下の四つを提案する。（1）固定した低物価政策など上からの統制をやめ、「国家自体の商人化」を図る、（2）直接税より間接税への重点の移行、（3）地方財政の自治性の促進、（4）組合の経営参加の推進、組合員の持株奨励である。さらに注意事項として、「貧血した概念哲学ではなく生々しい生活哲学」に根差した「新しい国家再建の哲学」の創造とその巧妙なる宣伝方途を新しい感覚で作り上げなければならないと説いた。

「国家自体の商人化」＝「商人国家」は、軍事力に頼らない、戦後日本の国づくりの方向性を示すものであり、のちの経済主義路線に通じる。また、労組の経営参加、従業員持株制度は、大平のリベラルな改革の方向性を提示したものであった。

経済的自由主義の主張――棒樫財政論

のちに知られることになる「棒樫《ぼうかし》財政論」「安くつく政府」（『素顔の代議士』所収）も、彼の政治経済論の原点である。前者は、故郷和田村の村長から届いた手紙に記された献策に由来を持つ。手紙の大要は次の通りである。

自分［和田村村長］のうちは、父が事業に失敗したので、当時中学に在学していた自分は退学した。大きい土蔵や物置は売り飛ばしてしまった。使っていた下男や女中は全部解雇した。事業に失敗した父としては、先ずこうするより他お家再建の糸口がなかったわけである。ところが、近頃の世相をみていると、国は惨めな敗戦の憂き目をみたのに、義務教育は、六・三制とやらで六年を九年に改める。公僕たる役人の数はふえる。国有財産を思い切って処分しようという勇断も見られない。これでは再建の目処《めど》が立たないではないか。

樫の木の養分が足らないときは、枝や葉を切り落して、いわば棒樫にしないと、その樫の木は枯れるにきまっている。一先ず棒樫にすることが、樫の木の命を救い、やがて年月が経つに従い養分が増すに応じて枝や葉をつけ、やがては、鬱蒼《うっそう》たる大木に成長することになるのである。

つらつら現在の世相をみて、深憂に堪えない。

（『素顔の代議士』）

大平は、この献策が大蔵官僚として本来持っている「財政均衡主義」の考え方と合致するものであり、正しいと信じ、第一次吉田内閣時の石橋湛山《いしばしたんざん》蔵相に話した。積極財政論者の石橋からこれに対するコメントが返ってくることはなかったが、この献策に示された道理は大平の心の奥深くに刻み込まれた。

それはさらに、彼の「安くつく政府」、すなわち「小さな政府」につながっていく。「資本主義も、民主主義も、十分育っていないわが国において、この生硬な地盤の上に、貧血した形ばかり立派な社会化の仕組が出来上っても、それでは本当の目的を果すことができない。現在の段階においては却《かえ》って安くつく政府をどうして打立てていくかに精進」（『素顔の代議士』）すべきである。

安くつく政府をつくることが古ぼけた古典的思想となりつつあることに、また社会化の行き過ぎに警鐘を鳴らしたのである。

一九四六年六月、大平は主計局から新設された大蔵省給与局第三課長に就任した。給与局は、占領軍による公務員制度改革、全国官公職員労働組合協議会（全官公労）の賃上げ要求に対処するために、大蔵省に新たに設置されていた。局長今井一男《かずお》のもと、第一、第二、第三の三課で構成され、大平は第二課とともに、非現業、現業職員の給与に関する事務を担当した。

今井によると、当時の大平の勤務態度は「度はずれたもの」でいただけなかったが、「自慢しない。愚痴をこぼさない。他人の悪口を言わない」という点で、彼には人徳があり、「仕事は独断専行だが結果はよかった」（『実録占領下の官公労争議と給与』）という。

当時公務員給与の問題は、行政管理の問題であるだけでなく、最大の労働問題であり、深刻な財政問題でもあった。戦前の官吏制度は、いわゆる〝天皇の官吏〟として親任官、奏任《そうにん》官、判任官、雇員など厳重な身分制度が確立し、給与は職務の重要性などとは無関係に、身分によって決められていた。大平は、その前近代性、非合理性を改めるために、公務員制度改革を旗印にアメリカから派遣されたブレイン・フーバー（のちGHQ公務員課長）を団長とする顧問団の報告書などを参考にしながら、職階制に準ずる分類を作り、給与額を決めるなど、その民主化と合理化を進めた。

また、給与だけでなく、各種の福祉制度も、大平は現業と非現業との間の格差是正に努めた。国家公務員共済組合の創設も、その一例である。

大平は、当時存在した二〇の非現業関係の組合を個別に口説き、総司令部との交渉も一手に引き受けた。彼が携帯した英語の辞書はボロボロになり、背皮もとれていた。一九四八年七月には、給与局から経済安定本部（安本）の公共事業課長に転じるが、ここでも大平は総司令部を説き伏せ、乏しい財源のなかから、戦時中に荒廃した公共の施設の復旧事業に関わる法律の立案を成し遂げていった。

大蔵官僚として、彼が歩んだ主税畑から給与局－安本という道はエリート・コースではない。文書課勤務を皮切りに、官房長、銀行局長、主計局長とまさしく出世階段を一直線に駆け上った福田赳夫とは対照的にかなりの寄り道をしたといえる。しかし、大平は与えられた役職ごとに存分に働き、やり手の官僚として政策能力を発揮した。戦後の混乱期に、問題の把握はもちろん、何をなすべきか、誰を動かすべきかを熟知することで、能吏から一歩踏み出そうとしていた。

また主税畑に発する彼の官僚コースは、人びとと直《じか》に接触する機会が多かっただけに、その矛盾を自ら体験し、「治者」と「被治者」との関係で、権力の意味を考えさせることになった。それは後述する池田政権期の国民との対話や、自ら政権を担当したときの政府と国民の関係についての発言に引き継がれる。

池田蔵相秘書官へ

一九四九（昭和二四）年五月、鹿児島に出張中の大平のもとに一通の電報が届いた。池田勇人新蔵相を差出人とする電報の内容は、「貴君を秘書官に起用したし、急ぎ帰京せられたし」というものであった。これに対し大平は、「御恩顧深謝するも、心千々に乱れ決心つかず、帰京までご猶予お願いします」と打ち返した。元来秘書官には不向きな男と自認していた彼にとって、できれば逃れたいのが本音であった。池田は渋る大平を「何もしなくてよいから、じっと隣の部屋で坐っていてくれたらそれでよい」（『人と思想』）と口説いた。

かつて池田が大蔵次官になるとき、大平は池田に「貴方は主税局長としては立派だが次官の器ではない。断った方がいい」と言ったことがある。もちろん、池田が断るはずがなく、次官になり、政界入りした。池田が大蔵大臣になるときも、「貴方は次官としては立派だが、大臣の器ではない。断った方がいい」（『政治記者の目と耳・第五集』）と繰り返した。しかし、池田は大蔵大臣となり、当の大平を秘書官に起用しようとしたのである。

不思議なめぐり合わせに観念したのか、大平は三たび秘書官となるにいたり、次のように述べている。

尤《もっと》も自分の適する天職に一生涯恵まれるというような幸運な人は稀有《けう》なことであろう。たわいもない運命のいたずらで、仕方なしに不似合いの職業にありつくのが、人の世の常のように思われる。
（「秘書官の役得」一九五三年八月、『素顔の代議士』）

この「運命のいたずら」が、大平の人生を変えることになった。

大平の破天荒な勤務ぶりは変わらず、当時池田の秘書だった登坂重次郎《とさかじゅうじろう》（のち衆議院議員）は、次のように伝える。

大平さんはよく、〝俺は細かいことは知らないから、それは大臣に聞け、俺は大雑把なことをやるんだ〟と言っていた。秘書官室にも朝一度顔を見せるだけで、あとは適当に外を歩いているようだった。大平さんの得意とするところは、池田さんと大蔵省、池田さんと政界、池田さんと財界などの間を調整することで、池田さんは信頼すると命をあずけてしまう方だったから、大平さんは池田さんの代理としてのびのびと楽しんでやっていた。（『伝記編』）

またのちに同じ秘書官仲間となる伊藤昌哉《まさや》も、次のように語る。

いつも居眠りしているような顔で、ボサッと秘書官室のいすに腰をかけていた。キビキビとうごく宮沢［喜一］とは対照的である。なにをしているのかさっぱりわからないが、そのくせかならずなにか大きなことをやっている。（『日本宰相列伝21』）

もっとも池田の言を真に受けて、彼が何もしなかったわけではない。この頃から、池田周辺で大平を「おとうちゃん」と呼ぶようになったことは、その風貌だけでなく、彼が次第に仲間から信頼を得てきたことを示していたといえよう。

秘書官の役得

池田の有名な「貧乏人は麦を食え」という失言は、大平に言わせると池田の荒削りで「如《い》何《か》にも生硬で欠点だらけのバランスのとれない」ところが出たものとし、のちにこの発言を、彼は次のように窘《たしな》めている。

八千四百万人の国民がたらふく喰うだけの米は、この日本には生産されないが、不足分を海外から買うだけの外貨の余裕もないから、米が不足すれば麦で補いましょう、という経済の論理を言ったまでのことである。(中略)尤《もっと》も私であれば、同じことを「八千四百万の日本人が、たらふく米の飯が喰べられるようにすることが、そもそも政治の理想でございます」といってのけたでしょう。どうせ同じことをいうのであれば、ヴォキャブラリーの選択に、一寸《ちょっと》注意して欲しかったと、当時、同氏の秘書官だった私は、池田さんのためにも自由党のためにも惜しみたい。

(「麦飯を巡る倫理と論理」一九五三年八月、『素顔の代議士』)

宮沢喜一が「同じことをいうにしても、ちょっと手許が不如意な時は麦で我慢しなさい」(『戦後政治の証言』)といえば当たりが少ない、と同様の趣旨を述べていることは興味深い。

この秘書官時代のことである。大平は学生時代からその著書に親しんでいたこともあって、朝の散歩がてら気軽に安岡正篤《やすおかまさひろ》を訪ね、しばしば目的のない雑談を楽しんでいた。あるとき、大平が「歴史上誰が一番偉い秘書官だったと思われますか」と尋ねたところ、安岡は即座に豊臣秀吉の名を挙げ、「彼は織田信長の草履取りをしていたが、その間に信長の欠点を知り尽くした。そして彼は用心深くその欠点を自ら履《ふ》まないようにしたからこそ、天下を取ることができたわけです。いわば、秀吉は秘書官の役得を最大限に享受したと言えましょう」と答えた。

大平は、これを至言と受けとめ、欠点だらけの池田に仕えることで「相当大きい役得（中略）役目柄、大勢の有名無名の名士と交りをもつことができ、その人たちの人となりをつぶさに学ぶ機会を与えられると同時に、自分が仕える大臣の長所短所を、目のあたり吟味することができると言うことは、有難いことである。これを役得と言わずして何を役得と言うことができようか」（前掲「秘書官の役得」）と自らを納得させたという。

ここから、大平の野心を見出すことは性急かもしれない。しかし、二〇年後ある対談で、大平が田中角栄を「天才、秀吉のような人」と評したのち、「私は家康……」（「どうなる、大平財政の舵《かじ》とり能力」一九七四年一一月、『風塵雑俎』）と語をつぎかけて後半を飲み込んだとき、首班の座はそう遠くない場所にあると意識していたことはたしかであろう。

池田の秘書官を三年半務め、この間調整役に徹し、彼は「賢い女房役」としての役回りを見事に演じ分けた。池田の欠点を補いつつさまざまな経験をし、同時に、池田から剛直で果断な政治スタイルを学び、政治に開眼し、政治家への道を歩みだすことになる。

第2章 「保守本流」の形成——宏池会の結成

1 秘書官から政治家へ

政治家大平の出発

大平がいつ政治家への道を志したかは定かではない。だが、初当選の翌年である一九五三（昭和二八）年に記した文章「政治への胎動」で、政界に出た動機を二つ挙げている。

一つは、秘書官を務め上げているうちに、大蔵省事務官の仕事が肌に合わないと思うようになり、「男として何か自分の活力を十分に生かしきるような破天荒の冒険をしたい。現状に対する倦怠感を打破して、自分の生命を思う存分燃焼させてみたかった」。

もう一つは、上がりの早い官僚の将来についての不安である。どんなに長くても五〇歳まで行政官を務めることは日本では稀《まれ》であり、中途半端で再び娑婆《しゃば》に投げ出される。大平は、実業界や好きな文筆で生きていく自信もなく、政界への転身を考えるようになる。

政治という職業は人間社会における最も本源的なものである。人間は政治的動物だと言われている。凡《すべ》てのことの始めに政治があり、凡ての社会的営為を貫いて政治があるのである。（中略）そして今日、政治家の職業は王者や一部の貴族の特権ではなく、万人に開放された公職となっている。（中略）ふり返って一体、在来の政治家と自分とを較べてみて、自分が果して彼等と同等或いはそれ以上の仕事がやって行けるかどうかを考えてみると、手前味噌かも知れないが、その位のことはやってやれないわけのものではない、というほのかな自負心が湧かないこともなかった。

（『財政つれづれ草』）

一九五一年夏、池田勇人は大平にアメリカ視察の旅を用意した。大平の政界進出を後押しする配慮である。大平は参議院議員高瀬《たかせ》荘太郎《そうたろう》、衆議院議員前田正男《まさお》らとともに、八月一三日羽田を発ち、一〇月二一日帰国した。

大平は占領の終結と独立を告げるサンフランシスコ講和条約締結の日、九月八日をアメリカで迎えた。吉田茂全権以下、日本の全権団の写真と会議の模様を報じたアメリカの新聞記事を読みながら、日本の独立回復の日が近づきつつあることを思い胸を躍らせたという。

帰国後、池田は「できるだけ郷里に帰って、郷里の人々と顔馴染になるんだ。何時衆議院は解散になるか判らんよ」（『素顔の代議士』）と告げた。大平は総選挙をめざして、出馬の準備を進めた。各市町村に血縁、地縁関係の人びと、同窓生を中心に後援会をつくるとともに、大蔵省との関係で、酒や塩の製造・販売関係者、たばこ生産者などの協力を得たという。文字通り「金帰火来」の選挙区詣でを繰り返すものの、一向に解散の気配はなく、じりじりする思いのみが募った。

四二歳での当選

一九五二年一〇月、いわゆる「抜き打ち解散」による総選挙が行われ、大平は自由党公認で香川二区から立った。彼はインフレーションを抑え通貨の価値を維持することが、経済発展・道義確立の基礎であり、社会秩序維持の前提であるとし、財政の緊縮整理を断行し、「安くつく政府」をつくらなければならないと語りかけた。つまりは、古典的な財政経済の理論を、郷里の人びとの前でぶったのである。

その生硬さゆえに、当然人びとの興味を引き共感を得ることができなかったことは言うまでもない。なかには露骨に大きな口を開けて欠伸《あくび》をする者もいたという。といって、大平がその論調を変えることはなかった。また大平は自ら属する「自由党の選挙公約というものに精通していない許《ばか》りか、それに興味すらもっていなかった」という。

目先の御利益を誇張的に宣伝して、有権者の歓心を買うようなことはいやしいことであると思った。国民の良識がいつの日か厳正な審判を、かかる言動に下すに違いあるまいと思っていた。民主主義というものは、国民の良識を基調にもっているのだから、もし無責任な煽動が勝利を民衆の中に永久に打ち立てるようなことがあるとしたら、私はむしろ私の方から民主主義との絶縁をも敢て辞さない積りだ、という気負った気持ちをもって、自分自身に言い聞かせていた。

（「選挙とその前後」一九五三年八月、『素顔の代議士』）

初の選挙運動中（1952年）

こうした民主主義への気負いは、その政治観につながった。一九世紀イタリアの社会思想家であり革命家であったジュゼッペ・マッチーニの言葉「民主主義ということは最も賢明な指導の下における、すべての人によるすべての人のためになる善をいう」を借り、次のように語った。

人間というものは、労苦よりも安逸を求め、生活の低きよりも高きを求めたがるものである。政治がこの人間の本能に迎合して、その御機嫌をとるばかりでは、その人のためにならないばかりか、国家と社会を滅亡と破壊に導くことになる。その破局を避けるためには、人に真実を訴え、困難を説き、それ相当の犠牲を求めなければならない。このことがマッチーニのいう賢明なリーダーシップというものではあるまいか。

（「青年との対話」一九六五年九月、『春風秋雨』）

初陣の結果は次のようであった。

当選　加藤常太郎《つねたろう》　自由党　四万七三五六票
当選　大平　正芳　自由党　四万三〇九三票
当選　田万《たまん》　広文《ひろふみ》　社会党　三万六一三七票
　　　松浦　伊平　自由党　三万〇四九四票

大平は二位で当選した。四二歳、政治家大平正芳の船出である。同じとき、群馬三区から無所属で立った福田赳夫も、初当選の喜びを嚙みしめていた。

総選挙の結果、自由党は二四〇議席を獲得し過半数を制したものの、解散前から四五議席減となった。以下、改進党八五、右派社会党五七、左派社会党五四と続いた。

この選挙で、鳩山一郎、三木武吉《ぶきち》、河野一郎らを含む一三九名の追放解除者が復帰し、その後保守陣営内で波瀾を呼ぶことになる。鳩山らは、敗戦による日本の変化を感じることを肯定しない人びとであり、ワンマン政治の打破、占領政策の是正、改憲再軍備を唱え、自由党の吉田茂政権を揺さぶることになる。

吉田派対鳩山派

大平が政界に進もうとしたとき、自由党内では吉田派と鳩山派がその主導権をめぐって、鎬《しのぎ》を削っていた。一九五二年一一月、池田通産相による「中小企業の業者が倒産し、自殺しても、それはやむを得ない」との失言に端を発する池田への不信任案の可決は、その前哨戦《ぜんしょうせん》に過ぎなかった。

翌一九五三年二月には、吉田の「バカヤロー」発言に対し、野党から首相懲罰動議が提出され可決された。これに鳩山ら反吉田派が与《くみ》し、さらに内閣不信任案が可決されるにおよび、吉田は解散で切り返した。いわゆる「バカヤロー解散」である。大平にとって、それはまさしく青天の霹靂《へきれき》であり、地盤の固まらない一年生議員にとっては無情な仕打ちとしか思えなかった。

四月に行われた総選挙で、吉田の自由党は一九九名と過半数を大きく割りこんだ。自由党の一年生議員五六名の半分二八名が落選するという有様で、大平も次点との差わずか一〇四三票で三位、最下位に滑り込んでの当選だった。そのほか鳩山自由党三五、改進党七六と保守系がいずれも後退するなかで、左派社会党七二、右派社会党が六六と増大した。

吉田は選挙後、政権の安定を求め改進党との提携を図ったが果たせず、少数単独政権で船出するという多難な出発となった。五月、第五次吉田内閣が発足し、大平は大蔵常任委員となり、自由党監事、青年部副部長となった。

吉田政権は、鳩山派と社会党の左右双方からの攻撃を受け、迷走を続けた。追い打ちをかけたのが造船疑獄である。造船融資利子補給法改正をめぐって、業界が運輸省や自由党首脳に巨額のカネをばらまいた事件である。関係者の検挙は一九五四年一月にはじまり、業界六二人、政界四人、官界五人の計七一人が逮捕された。司直の手は、政権の中枢にまで迫り、吉田が自由党幹事長佐藤栄作への逮捕を、法相の指揮権発動という非常手段で対処したこともあって、世論の風当たりは一段と強くなった。

こうしたなか、同年三月、自由党の緒方竹虎《おがたたけとら》は、保守合同が「爛頭《らんとう》の急務である」との声明を出し、自由党の解党も視野におさめ呼びかけた。一九五〇年代初頭の二つの選挙における両派社会党の台頭は、保守政党に危機感を抱かせ、さまざまな保守再編・合同の動きを呼び起こしていた。

保守合同の動きは以後、自由党側を軸とする上からと、これとは別に岸信介らを中心とする下からの二つの動きが錯綜する。一九五四年一一月、鳩山を総裁、岸を幹事長とする日本民主党が結成され、合同の「第一幕」が開けた。同一二月には吉田内閣が総辞職し、第一次鳩山内閣が成立した。そして、翌一九五五年二月、総選挙が行われた。「鳩山ブーム」に乗った民主党が第一党となったが、一八五議席で過半数を制することができず、少数与党内閣として出発した。躍進したのはここでも社会党で、左派社会党八九、右派社会党六七の計一五六となった。自由党は一一二と大幅に議席を減らした。大平も苦戦し、四万八八五一票で最下位で滑り込んだ。

保守合同へ

保守合同への「第二幕」は、鳩山の懐刀《ふところがたな》であり、策士と恐れられた三木武吉の「鳩山首班にこだわらず」との爆弾発言からはじまった。ガンに侵されていた三木武吉は、保守勢力を合同させて、衆参両院で三分の二以上の議席を確保し、現行の「占領憲法」を改正する、そうでなければ、自分は「死ぬに死ねない」と訴えた。

三木武吉は香川県高松の出身で、同郷の大平に親近感を持っており、池田の側近であることを十分に承知の上で接触してきた。大平もこの働きかけに応じて、二人の間を数回とりもった。それぞれ吉田と鳩山の側近である。両者の話が嚙み合うことはなかった。大平自身は、憲法改正と占領政治の打破を性急にもくろむ保守合同には、心から賛成できないばかりか、憂慮すら覚えていた。

「保守合同」に際し、自由党旧吉田派は微妙な立場におかれた。合同の二日前にあたる一一月一三日、吉田派の幹部が集い、対応策を協議した。参集したのは、林譲治《はやしじょうじ》、益谷秀次《ますたにしゅうじ》、佐藤栄作、池田勇人、福永健司、小坂善太郎《こさかぜんたろう》、愛知揆一、田中角栄、橋本龍伍、保利茂《ほりしげる》、周東英雄《すとうひでお》、大橋武夫、小金義照《こがねよしてる》の一三人であった（このうち、のちに池田派に参加したのは、林、益谷、福永、小坂、周東、大橋、小金の七名）。ここに大平の名前はない。大勢は合同やむなしの雰囲気であったが、「鳩山嫌い」の佐藤栄作だけが吉田に殉じ、橋本登美三郎《とみさぶろう》もこれに追随し入党を拒んだ。

一九五五年一一月一五日、社会党の左右統一から遅れること一ヵ月、保守合同が行われた。自民党は結党大会で次のような「党の使命」を発表した。

占領下強調された民主主義、自由主義は新しい指導理念として尊重し擁護すべきであるが、初期の占領政策の方向が、主としてわが国の弱体化に置かれていたため、憲法を始め教育制度その他の諸制度の改革に当り、不当に国家観念と愛国心を抑圧し、また国権を過度に分裂弱化させたものが少なくない（中略）現行憲法の改正をはかり、また占領諸法制を再検討し、国情に即してこれが改廃を行う。

それが鳩山―岸の民主党ラインに沿ったイデオロギーであったことは紛れもない。

陣笠議員の生活

話を少し戻す。議員になりたての大平の日常はどのようなものだったか、少し長いが彼の言葉から触れておきたい。

金のことをいえば、これほど金のかかる商売はない。何か吉凶禍福があり、それが自分と何らかのかかわりがあるとなると花輪の一つも用意しなければならない。何か人の集る行事があるのを聞き込めば、祝電を出したり場合によっては優勝旗やカップを寄贈したり、祝酒の二、三本を贈らねばならない場合がある。（中略）郷里に帰れば事務所の家賃、電話代、自動車賃をはじめ宣伝費、会場費などが待っている。（中略）

東京においては、毎日平均して十数人の来客がある。その多くは何かの用務をもって地元から出てこられた人々である。食事時になれば、たとえ粗末な食事でも差上げるのが礼儀である。あの人にはお茶、この人には食事というわけには行かない。山ほど積まれた仕事を一つ一つ片付けて行くには電話ばかりでは足りないので、自ら出かけなければならない。（中略）秘書一人では到底仕事がさばけないので、東京現地を通して二、三人の人に手伝ってもらわなければやって行けない。（中略）

子供が東京に行くので、入学の世話はできないか。幸に入学できたが下宿はないか。卒業期が迫ってきたが手頃の就職口の斡旋をしてもらいたい。（中略）酒屋、麹《こうじ》製造、タバコ屋の免許を心配しろという。これにも尽せるだけの手を尽さねばならないが、一つの成功はそれに数倍する敵を作ることになりかねない。河川、道路、街路、港湾、漁港、溜池、用水等の改良や改修、学校の新築改築、水道工事、保育所の設置、タバコ収納所の買収や新築、植林、国立公園の認定、電気事業、その他に伴う補助金や起債の獲得という公共の仕事には、はじめて代議士としての誇りと責任を純粋に感ずるが、この仕事とて予算の制約の下決して楽ではない。

税金が高すぎる。代理販売権をとれ、金融の斡旋をしろ等はよいとしても、この品物の売込みに協力せよ、この争いを調停しろ等の注文には、いささか閉口する場合もある。朝は七時頃から電話が次々とかかる。夜は十二時過まで呼び出される。ともかくも一人の能力に数倍するサービスが代議士には待っている。

(『素顔の代議士』)

現在では禁じられていることも多々あるが、陣笠議員のどぶ板修業に明け暮れる日々がうかがえる。もっとも大平は、代議士も「それ相当の楽しみや悦びがないでもない」と続ける。宮中への招待、国会での発言権、汽車や電車の優待、加えて役所に行けば強面《こわもて》など、である。他方、代議士ほど神経を使い、評判に弱い人種もいないと、次のように戒める。

われわれ代議士も代議士たる前にただの人間である。(中略) 自分は平凡なる人間であるという自意識であり、進むべき道は人間の倫理という平凡な道しか残されていないのだという諦念《ていねん》である。代議士もまたあくまで凡骨の人間（中略）にすぎないのだから、代議士に向って常人よりも特に高い倫理水準を求めることもなく、同時に代議士を目して悪徳の権化のようにみることもなく、ただの平凡なる一個の人間として、あたりまえに取扱ってもらいたいというのが、平凡なる私の平凡なる希願である。民主政治の本体というものは、元来そういう平凡なものであると思うからだ。（同前）

政治家である前に、「一個の人間であらねばならない」との思いは、彼の生涯を通じて変わることはなかった。

「革新」への思い

保守合同、社会党の左右統一は、戦後日本政治の一つの分水嶺をなした。この頃大平は、保守対革新の対立について、次のように見ていた。

何れの時代にあっても、現状維持と現状打破の思弁的対立乃至《ないし》は実践的相剋は、程度の差こそあれ見られたわけで、何もその対立は今日の時代に限ったわけではない。（中略）［今日の対立相剋を招いたのは］国際権力政治の激浪が、深刻に日本の権力政治をゆさぶっているからだ。（中略）今日のこの対立関係の解消というものは、実は日本だけで始末がつくべき性質のものではなく、世界の対立関係のなん等かの形における解消がその大前提になっていると見るのが至当であろう。

（「保守と革新」一九五五年一一月、『素顔の代議士』）

日本がいずれを選択するかという自由をすら、日本国民は物理的に持っていないのではないかと悲観的である。とはいえ、大平にとって保革の対立は、民主主義にとって好ましくない政党間競争ではなかった。

はげしい政争は、内乱に代わるものという限りにおいて、歓迎すべきものである。反対党は予備的政府であり、「国民の政府」に配する「国民の反対党」である。強力な政権は、強い反対党によって、腐敗から免れるものである。

（「国会議事堂」一九五五年一〇月、『素顔の代議士』）

自社両党の対立についても、両者の距離はみかけほど大きいものではなく、そのことは社会党の賛成の下に成立した立法数が全体の七割にも上ることからもわかる。

社会党は自民党の女房のようなものであり、自社両党は離縁の自由をもたない夫婦のようなものであると思う。何となれば、たとえ自民党がふりきろうとしても社会党は自らの支持層をもち、選挙を通して議会政党としての生命力をもち続け、自民党は否応なしにこの政党との間柄の設定を余儀なくされるからである。

（『春風秋雨』）

大平の政党政治観・民主政治観には、両党には議会民主制という体制を守り抜く共通の厳粛な責任があり、共通点は多いというものがあった。彼にとっては、激しい東西対立を反映してそれが原理的なものとなり、建設的な論争や妥協が不可能になっていることが問題なのであった。

もっとも、大平は社会党が唱えていた第三勢力論や中立論について「日本の実力をかいかぶった唯我独尊論」「主張者の主観的意図はこれを壮としても、実効を伴うものではない」と否定することを忘れていなかった。

日ソ国交正常化への自重論

保守合同後、旧吉田派は自民党内で「丙申会《へいしんかい》」と称して、赤坂の機械貿易会館（現日本短波放送会館）に陣取り、反主流派として独自の理念を主張しつづけた。

丙申会には池田勇人、佐藤栄作、田中角栄、そして大平らが属し、池田派と佐藤派の区別はまだはっきりしていなかった。小坂善太郎（のち外相）は、田中は「初めは池田派について、のちに佐藤派に移った」（『田中角栄―政治の天才』）と回想している。

鳩山は、吉田外交を「対米追随外交」と批判し、ソ連との国交正常化を政策の中心に据えた。反共主義者である鳩山によってソ連との国交回復が進められたことは皮肉であるが、反吉田の執念を垣間見ることができる。吉田は徹頭徹尾これに反対し、池田・佐藤も師に付いた。

佐藤は「想像を恣《ほしいまま》にすれば、ソ連の第五列或は国を国民をうる徒輩は鳩山一派と云うも過言ではあるまい」（『佐藤日記』第一巻、一九五六年九月一二日）と、鳩山および彼と行動をともにする河野一郎を痛罵《つうば》した。また鳩山訪ソに反対して、吉田は新党結成をほのめかすが、佐藤は「小生は最近岸と接近しておるので、その間柄を説明し、更に丙申会の内部の情勢など詳細にお話し、新党については尚《なお》考慮すべき」（同前、同年一〇月二七日）であると、吉田に自重を求めた。

大平は、鳩山内閣の日ソ国交調整に対し、「時期未だ熟せず」として、自重論を唱えていた。彼は、ソ連が日ソ中立条約を一方的に破棄し満州に攻め入り、同胞が築き上げた設備を大量に持ち去り、シベリア抑留という野蛮な行為をした、比類なき古強者《ふるつわもの》であり背信国であるとした。

また、日本の経済はアメリカをはじめとする自由主義国家群との貿易によって成り立っている。それゆえ、日本の外交政策が、ソ連や中華人民共和国との調整に偏向し、自由主義国家群との関係が少しでも冷えこむことは、国家の命運にとって由々しい問題となるとした。

結局、鳩山内閣は日ソ国交調整を急ぎ、領土問題を棚上げにした上で、（1）戦争状態の終結、（2）大使の交換、（3）抑留者の送還、（4）漁業条約の発効、（5）国連加盟支持という条件で、政府・与党内部をまとめた。

一九五六年一〇月、鳩山は河野一郎とともにモスクワに乗り込んだ。このとき、鳩山が羽田空港から出発すると同時に池田が脱党すると息巻いたのを、前尾繁三郎《まえおしげさぶろう》がやっとの思いでなだめ思いとどまらせたという。一九日、日ソ共同宣言と貿易議定書が調印され、それを花道に一一月二日鳩山は退陣を表明した。

日ソ共同宣言は、社会党が積極的に賛成したのに対し、自民党内の反対派の抵抗が目立った。佐藤栄作は、日記にこう記している。

丙申会同志の要請により、九時半から林〔譲治〕邸で林、益谷〔秀次〕、池田と四者会して池田一派の青票〔反対投票〕問題を議す。昨夜来池田君の決意はかたく、行を共にするもの約十七名と云うも、大部分は池田のこの行動を迷惑と思っているので、中止さす為の会合。（中略）離党届を出して後青票をと説くも、池田は党内に居て青票をといってゆずらないので、丙申会にもちかえり大衆討議とした。たまたま吉田前首相上京、吉田、池田、余の三人で話合い、池田も欠席とする事となる。よって全員欠席。
（同前、一九五六年一一月二七日）

一一月二七日の衆議院での採決は、池田ら七〇名が欠席するなか満場一致で可決された。

宏池会の誕生

池田と佐藤が袂《たもと》を分かつことになったのは、一九五六年一二月に行われた鳩山退陣後の自民党総裁選挙であった。「石井光次郎《みつじろう》―石橋湛山」連合を推す池田と、実兄岸信介を推す佐藤は対立し、旧吉田派は分裂する。

周知の通り、第一回投票で一位となった岸信介は、決選投票で有名な「二・三位連合」の前に敗れ、石橋湛山が総裁となった。池田は、石橋内閣で蔵相となったものの、一九五七年二月石橋が病に倒れわずか二ヵ月足らずで退陣し、三月に岸が首班に指名されると、七月には内閣から去った。

池田は下野するとともに、主流派として「上からの政治力結集」の試みを断念し、「下からの池田派増強」へと方針を転換した。同時に池田は、大蔵省時代の同期生田村敏雄の協力を得て、政治結社「宏池会」を正式に発足させた。

それは政治資金規正法に基づく法人の政治結社であり、会費制をとり、政治資金の出所に

自民党派閥勢力の推移（1960〜80年）

年	池田	佐藤	岸		藤山	河野		三木	大野		石井	その他	計
1960	52	47	45		34	34		28	27		16	17	300
	池田	佐藤	福田	川島	藤山	河野							
63	49	46	20	20	21	46		35	29		14	13	293
	前尾	佐藤	福田	川島	藤山	中曽根	森	三木	船田	村上	石井	その他	
67	43	49	27	18	16	24	13	39	15	10	15	15	284
	14	54	10	0	0	0		10	6	3	10	18	125
69	43	60	38	18	6	36	13	39	13	10	12	14	302
	19	46	18	0	2	16		9	5	3	9	12	139
	大平	田中	福田	椎名	藤山	中曽根	中川	三木	船田	水田	石井	その他	
72	45	48	53	18	2	38		36	9	13	9	13	284
	20	40	28	4		6		11	4	2	5	16	136
76	39	45	53	11		38		32	8	11	4	22	263
	20	41	22	2		6		9	3	2		20	125
79	50	51	50			40	9	30	4	5	4	17	260
	20	33	25			7		11				28	124
80	56	53	46			44	11	32				44	286
	22	37	31			6	1	10				30	137

註：『朝日新聞』『国会便覧』各版による．1967年以降の各派上段の数字は衆議院，下段は参議院の各議員数を示している．ただし，参議院の議員数は『国会便覧』のみによる

は会員組織として領収書を発行した。

これを支援したのが、「財界四天王」と呼ばれた桜田武《さくらだたけし》（日清紡績社長）、永野《ながの》重雄《しげお》（富士製鉄社長）、小林中《あたる》（元日本開発銀行総裁）、水野成《しげ》夫《お》（産経新聞社社長）であり、彼らは資金面だけでなく政局のさまざまな場面で池田を支えた。

会名は、後漢の碩学《せきがく》、馬融《ばゆう》の「高《こう》光《こう》のうてなに休息して宏池に臨む」という文句からとられたが、規約第一条に「池田勇人君の政治活動を支援する」と謳っていた。明らかに池田を首相にするための議員集団であった。

大平は、当然のごとく池田のもとに馳せ参じた。当時の宏池会は、林

譲治、益谷秀次の両長老に、周東英雄、小坂善太郎、前尾繁三郎、大橋武夫の四家老と称される世話人のもと、大平、鈴木善幸、内田常雄、黒金泰美、宮沢喜一らが控えていた。五二名の代議士のうち、官僚出身は二八名で過半数を超え、メディアからは「官僚派閥」と呼ばれた（うち大蔵官僚出身は一〇名。各派勢力の変遷については表参照）。

かつて吉田は池田や佐藤ら若手官僚を引き抜き、自己の周辺において政治家として育てた。公職追放によって生じた人材の穴をこうして埋め、吉田は政権の基盤を固めた。池田も師にならい、大平、宮沢、黒金ら秘書官を当選させるなど、官僚たちを自らの派閥に組み込むことでその力を蓄えていった。だからであろう、官僚出身ではない鈴木善幸は、宏池会では芽が出ないのではないかと、地元の後援会から佐藤派入りを勧められたという。もっとも彼は、林、益谷ら党長老との縁で、結局池田派を選んだ。

岸信介政権と池田勇人

岸政権は発足後一年あまり、外交面では東南アジアとアメリカを立て続けに訪問し、「日米新時代」をキャッチ・フレーズに自主外交を展開したが、内政面ではきわめて慎重な低姿勢であった。

訪米後の一九五七年七月、岸は内閣改造を行い、自前の内閣を組織した。大野伴睦《ばんぼく》を副総裁に、幹事長に腹心の川島正次郎《しょうじろう》を、総務会長に砂田重政《しげまさ》（河野派）を据え、政調会長に三

岸信介

木武夫を幹事長から横滑りさせた。内閣では、藤山愛一郎《あいいちろう》を外相に、池田派からは前尾を通産相に入閣させた。このとき、大平は党の政調副会長および財政部長に就任した。

一九五八年五月総選挙で、二八七議席を獲得し自信を深めた岸は、岸、河野、大野、佐藤の主流四派で一三の閣僚ポストと、党三役ポストを独占した。反主流派からは、池田が無任所国務相、三木武夫が経済企画庁長官、灘尾《なだお》弘吉《ひろきち》が文相と三人が入閣したのみであった。

六月の特別国会での施政方針演説で、岸は「最近ややもすれば、公然と法と秩序を無視し、あるいは集団の圧力によって国会の自由な活動を不当に掣肘《せいちゅう》するような動きがみられることは、きわめて遺憾である。このような非民主的な活動に対しては毅然たる態度をもって臨む」と力説した。

反基地闘争、原水禁運動、護憲運動との対決を意識した発言であった。道徳教育の義務付け、教員の勤務評定実施に踏み切り、日本教職員組合連合（日教組）との対決姿勢を露《あらわ》にした。警察官職務執行法（警職法）改正もこうした治安対策の一環であると同時に、占領政策の残滓《ざんし》を取り払い、安保改定に備える意図が込められていた。

警職法改正をめぐる騒動は、六〇年安保の前哨戦となった。社会党が治安維持法の復活と抗議し、反対運動は「デートもできない警職法」というスローガンと相まって広がり、岸もその成立を断念せざるを得なくなった。安保改定に備え、岸が野心を秘めて出した警職法改正案は政権の歯車に狂いを生じさせた。

一二月、池田は、三木・灘尾とともに辞表を提出し、「刷新懇話会」なる反主流派連合を結成して、翌年一月に予定されている総裁選の前倒しに反対し、岸を牽制した。これに対し、岸は裏で大野伴睦との間で、安保改定後の退陣と後継を約束する念書を交わしていた。

一九五九年一月の自民党総裁選挙に立ったのは、岸と松村謙三《けんぞう》の二人だけだった。結果は予想通り、岸・佐藤・大野・河野の主流派四派連合の支持を得た岸が三三〇票を得て圧勝した。しかし、松村が集めた一六六票は、池田・三木・石井・石橋の反主流派が「面目を保つ」には十分な数であった。

総裁選挙を乗り切った岸は、一九五九年六月参議院選挙後、党役員更迭と内閣改造に踏み切った。藤山外相と佐藤蔵相以外は総入れ替えとなったが、注目されたのは河野一郎が閣僚・党三役に入らず、池田を通産相として入閣させたことであった。このとき、大平は渋る池田を次のように説得した。

岸さんは貴方にとって民主党結成と鳩山内閣の誕生、吉田内閣の退陣という一連の経緯からみて終始、政敵だった。それなのに、その岸さんの立場を救い政局の混迷を打開するカギは今や貴方が持っておられます。しかしいつも貴方は、われわれは政治家として、政界というコップの中で物を見てはいけない、国民の前で舞いをまうべきだといっておられます。（中略）この段階にきては唯一つ、現前の混迷した政局を軌道に乗せ、国民に安心してもらうのが貴方のとるべき態度ではないでしょうか。

（「思惑と偶然」一九五九年八月一日、『春風秋雨』）

なおも渋る池田の背中を最後に押したのが田中角栄であった。

田中は「天下のために入閣に踏み切って下さい。そうすれば次の政権は貴方のものです」（同前）と口説き、嫌がる池田夫人を促してモーニングの用意をさせた。池田の入閣は結果として、彼に総理への道を用意するものとなる。

2　池田政権――新しい保守主義

六〇年安保騒動

一九六〇年一月一九日、岸信介首相と藤山愛一郎外相はワシントンで新安保条約に調印し、アイゼンハワー米大統領の訪日と皇太子の訪米を発表した。

二月から衆議院安保特別国会で新条約の審議がはじまったが、条約の審議は社会党の抵抗によって遅れ、この間院外の反対運動は高まった。五月一九日、痺《しび》れを切らした岸は警官隊を国会内に導入し、衆議院の会期延長と条約承認を強行採決した。

以後、安保改定反対運動は民主主義擁護運動に発展し、国会周辺は「反岸」の騒然たる空気に包まれた。シナリオのフィナーレを飾るはずだったアイゼンハワーの来日は、岸にとって次第に窮屈なものになっていった。

池田勇人は、岸の政治手法に批判的であり、新安保条約についても当初「改定するもよし、しないもよし。しかし、いったん改定すると決めた以上は、それを進めるべきだ」(『池田勇人とその時代』)という態度であった。一方で、日米安保は日本外交の根幹であり、師吉田茂の遺産でもある同条約を守ろうと考えていた。それゆえ、五月一九日以降、新安保が成立するまでの一ヵ月間、窮地に陥った岸内閣を支持しつづけた。否、岸に劣らず強硬であったともいえる。当時科学技術庁長官だった中曽根康弘は、この間の事情を次のように記している。

六月十日(金)

ハガチー事件［アイゼンハワー訪日の準備のため来日した同秘書ハガチーが、羽田でデモ隊に囲まれ、米軍のヘリコプターで救出された事件］起こる。午後九時三十分臨時閣議。これは国際共産主義の暴力的陰謀であって、強圧的政策で臨めの議論が多い。騒擾罪《そうじょうざい》適

用、破防法適用等、池田通産相、佐藤蔵相、村上〔勇《いさむ》〕建設相、渡辺〔良夫《よしお》〕厚相、赤城〔宗徳《むねのり》〕防衛庁長官ら主張する。

六月十六日（木）

午前零時十八分臨時閣議。

池田通産相、全国から必要な警察官を導入し、カネに糸目をつけず、警備に万全を期せと発言。石原〔幹市郎《かんいちろう》〕国家公安委員長は警備力には限界があり、政治がそれを救ってくれなければ手に負えぬ事態と悲痛。

（中曽根康弘『私の履歴書』）

池田がのちに岸内閣と正反対の政治姿勢を打ち出したとき、中曽根は「安保閣議の際の池田氏の言動からは予想し得なかった」（同前）と驚きを隠さなかった。

大平にとっての安保騒動

安保改定をめぐる騒動は結局、岸を辞任に追い込む。六月二三日、新安保条約の自然承認を待って、彼は退陣を表明した。それは鳩山・岸らの伝統的国家主義路線の後退を意味した。大平はこの騒動を振り返って、次のように述べている。

この騒動は、そのタイトルが示すような日米安保条約改正の是非をめぐる論議からいつの間にか大きく逸脱して、保守対革新、さらには治者対被治者の在り方を問う一大政治運動の性格に変ってきた。長期にわたる戦争と敗戦のもたらした物質的困窮からようやく立ち直ってきた日本国民は、自らの精神にある種の渇きと空虚さを覚えてきた。そして占領政治とその衣鉢《いはつ》を受け継いだ保守政治に、抵抗意識とも倦怠感とも判じ難い反発と不満を感じるようになってきた。この渇ききった空気を、左翼勢力が黙って見逃すはずはなかった。たまたま岸政権が、安保条約の改正——それはたしかに安保体制下における日本の立場にある程度の自主性を盛り込み、国民の精神的空虚を少しでも埋めようと目論んだ善意のものであったのだが——を企図するに及んで、彼等は巧みに安保条約の改正をその改悪にすりかえ、さらには、これを国民の渇ききった精神的渇望感に対する点火剤に転用して国民を安保体制打破へ、さらには保守政権の打倒へと駆り立てたのである。しかもそれは、中ソ両国の対日政策の執拗《しつよう》な展開と相呼応して大規模に展開された。安保騒動の舞台裏には、そういうカラクリが、半ば公然と仕組まれていたのである。

(『春風秋雨』)

運動が「治者対被治者の在り方を問う」ものとなった以上、それは民主主義に危機をもたらす可能性を持つ。大平は「何十万という人間を力でおさえることはできないし、お互い理解し合わないと仕方がない」(『風塵雑俎』)と語る。

同じく宏池会に属した宮沢喜一は、安保反対、岸内閣打倒のエネルギーに、より直接的に民主主義の危機を感じていた。

保守党のなかには、これは左翼による革命前夜だから断乎《だんこ》弾圧せよなどと議論する人が多く、あのころ、私どもはずいぶんそれをめぐって論争した。

私の観察では、このとき国民のかなりの多数、ことに若い人たちが「政治はもはや自分たちのものでなくなった。自分たちの対立物だ。誰か少数のものが権力を握って、国民の意思を無視して恣《し》意《い》を行っているのだ」という治者と被治者とでも形容すべき政府に対する対立感をもつようになっていた。私どもはそれがこわかったのだが、事実このような考え方が革新勢力に加算されて、岸内閣打倒に速度が加わったのであろう。運動がただ革新勢力だけで行われていたとしたら、あれほどの岸反対、安保反対の世論はおこらなかったであろうし、院外運動もあれほどのもり上がりを示すことはなかったであろう。

（『社会党との対話』）

大平・宮沢らが説き伏せなければならない相手とは、ほかならぬ強硬論を吐く池田であった。その意味で、大平や宮沢が池田と展開した議論は、池田の「再教育」でもあった。彼らは、意識的に政府の主導権がギラつくのを避け低姿勢をとり、強押し、悪押しをしない長期的な迂回《うかい》によって、議会主義のルールをもう一度確立しようとしたのである。

一九六〇年自民党総裁選

池田が強く総裁への意欲を示したとき、大平自身は「池田さんが大蔵省の次官や大臣になられるときには、必ずしも賛成しなかった私であるが、総裁選出馬は当然の道行であると受け止め、できるだけ力になってあげたいと考えた」(『私の履歴書』)と記している。しかし、伊藤昌哉は、大平が「こんどはやり過ごしたほうがいい。あなたは保守の本命だから、こんな時期に出て傷がついてはいけない。いったん石井光次郎なり誰かになってもらって、すこし情勢が静まってから出たらどうですか」と進言したと伝えている。これに対し、池田は「おれの目には、政権というものが見えるんだよ、おれの前には政権があるんだ」(『池田勇人とその時代』)と一蹴《いっしゅう》した。実際、このときも大平は必ずしも賛成ではなかったようであるが、池田が立つと決めると支援を惜しまなかった。

宏池会は、代議員工作を前尾繁三郎、裏方を大平正芳、票読み作戦参謀を大橋武夫、各派対策を鈴木善幸という布陣で、総裁選に臨んだ。

裏方を任せられた大平は、物量戦の兵站《へいたん》と砲撃を一手に引き受けた。とはいえ、総裁選挙に臨むのは大平にとって初めての経験であり、途方に暮れた彼は、田中角栄に助言を求める。田中は数日も経たないうちに「総裁選挙に関する政策の大綱はもとより、具体的な運動のやり方や予算まで青インクで、重要なところはわざわざ赤インクでしたためた」(『私の履歴書』)数ページに及ぶメモを届けたという。

大平は早速このメモを携えて、池田のもとを訪ねた。ところが、池田はきわめて不機嫌で、返ってきた言葉はただ一言「ビタ一文、金を使うようなことは相ならん」というものであった。これに対し、大平は「わかりました。どこまでご期待に沿えるかわかりませんが、できるだけご意向をくんでやってみます。ただこの選挙は、われわれ同志の責任でやらして頂きたいと思います。できましたら貴方は、一切介入されないようにして頂きたい」(同前)と答え、事実またその通り実行したという。

池田政権下、官房長官へ

総裁選挙には、池田、大野伴睦、石井光次郎のほか、松村謙三、藤山愛一郎が立候補の意思を表明していた。池田が最も有力視されており、石井、大野、河野、三木・松村、石橋のいわゆる党人五派が結束してこれに対抗したために、選挙は「官僚派」対「党人派」の争いの様相を呈していた。

かつて吉田派で同じ釜の飯を食った佐藤栄作が吉田の意向を受けて池田を推し、岸派も川島正次郎系を含め、最終的には自由投票から池田支持に回った。大野、松村が辞退し、総裁選挙は、池田、石井、藤山の三人の争いとなった。第一回投票では決着がつかず、決選投票

第１次池田内閣（1960年７月19日） 大平（後方左端）は官房長官で初入閣

で池田が石井を破った。

こうして岸・佐藤両派の支持を受け、一九六〇年七月、第一次池田内閣が成立した。党三役は、幹事長益谷秀次（池田派）、総務会長保利茂（佐藤派）、政調会長椎名悦三郎（岸派）と、主流三派が占めた。大平は官房長官に抜擢され、政界の表舞台に出ることになった。

新聞は新官房長官を次のように紹介している。

見るからに秀才型の多い大蔵官僚出身には珍しく、見てくれが鈍重なタイプである。見てくれのヌーボーは一種の政治的ポーズで、どうしてなかなか抜け目のない動き方をする。見かけにだまされて油断はできない。

一般に小ツブの才子が多いといわれる中では異色の政治家であることは間違いない。
（『朝日新聞』一九六〇年七月一九日）

彼自身は「私など、韓信《かんしん》のマタくぐり、でもエエと思いますが、それが日本のためになるなら」（『朝日新聞』一九六一年一月九日）と、自らの役割を弁《わきま》え腹をくくった。

池田は組閣直後の記者会見で、野党との対話、国民との対話を強調し、記者たちの意表をついた。対米関係についても、外交の基本は日本人が頼みがいのある国民、信頼できる国民だと思われることにある。国内政治をうまくやることが大切だと述べた。このとき、大平は池田に、野党といえども、みんな同じく米を食い、日本の風土で育って、同じ教育を受けているのだから、「友党」という言葉を使うよう助言している。

池田と大平

池田勇人は、一八九九（明治三二）年広島県豊田《とよた》郡吉名《よしな》村（現竹原《たけはら》市）の酒造家の家に生まれた。大平とは一一歳違いである。熊本の五高、京都帝国大学法学部を経て、一九二五（大正一四）年大蔵省に入省したが、東大出が万能の戦前の大蔵省では出世が遅れ、さらに天疱瘡《てんぽうそう》という難病に罹《かか》り、五年間の闘病生活を送った。やっと病気から回復し、一度はあきらめた大蔵省への復帰を果たしたが、相変わらず傍流であった。

戦後、池田にとって運がよかったのは、公職追放によって主流派が放逐されたことである。池田は次官となり、吉田に見出されて、政治家としての道を登り詰めることになる。池田が総裁の地位に就いたとき、大平は次のように語りかけた。

「とうとう貴方も総裁になられましたね」と申し上げた。池田さんは感慨深そうに「うん」と答えられてしばらく沈黙が続いた。次いで私は「貴方は東京に出てこられた当時、何時の日か今日の地位につけるものと思っていました か」と重ねて聞いてみた。もちろん池田さんの答えは「否」であった。さらに私は「本来、期待していなかった地位につかれたとすれば、現在与えられた地位におられることが如何に短くとも、文句のいいようもないわけですね。極端にいえば、朝に組閣して、夕べに倒れても已むをえないのではないでしょうか。また政権担当を何時まで許されるかは、国民が決めることであって、貴方がお決めになることではないと思います。ついてはこの際、ひとつお約束を願いたいことがあります。それは貴方ならびに貴方の周辺の者の間においては、長期政権と

池田とカレーライスを食べる大平（1960年）

いう言葉を絶対に禁句にしていただきたいのですが」と詰め寄ったところ、池田さんは素直に「その通りだ」と答えられた。（『春風秋雨』）

つづいて大平は池田に、総理総裁たる者は「徹底的に庶民」になりきらねばならず、庶民と隔絶した意識と生活のなかからは、庶民の納得のいく政治ないしは庶民の協力が得られる政策は生まれてこないとし、ゴルフを慎み、お茶屋への出入りを自粛するという二つの約束を取りつけた。

当時池田は大平について、「誠実の一語に尽きる男だ。悪いことはだれでもずばり進言する、そのぶっきら棒なところが気に入っている」（『大平正芳－政治姿勢と人間像』）と評している。それ以上に、大平に「特別の親愛感」を持っていたようである。

長く宏池会事務局長を務めた木村貢《みつぎ》は、池田と大平との関係について、次のように証言している。

池田には「寂しがり屋」の一面があった。ひとりになると寂しくなるのか、必ず、「あれを呼べ、これを呼べ」と命じられた。真っ先に出てくる名前が「大平」であった。（中略）大平の居所がわからないと機嫌が悪くなる。「何してるんだ。早く探せ」。催促が矢のように飛んでくる。ところが、大平が来てみると、別にたいした用事があるわけではない。（中略）池田と大平は一回り近く離れているが、人間のタイプが違っていたので、池田とすれば、自分の足らないところを知っているのは大平だという思いがあったのだろうか。池田にとって大平は一種の「精神安定剤」であった。（『総理の品格』）

他方、大平は池田について、「手のこんだ手練手管に縁の遠い善良で単純な性質の持ち主であるが、如何にも生硬で欠点だらけのバランスのとれない人間である」としながら、「池田さんという人物を、つくづく鑑賞してみて、尽きない興味を覚える。人間を思い、歴史を回想し、政治を考えるにつけても、欠点に象徴される神意の玄妙さに今更のように驚くと共に、池田さんの生涯にまとわる神意のいたずらにも考えさせられることが多い」（『素顔の代議士』）と評している。そのうえで、親しい記者には、死に物狂いで池田を支えるとその決意を語っている。

官房長官としての大平の最初の仕事は、閣僚候補の原案づくりであった。つづいて下村治《しもむらおさむ》、田村敏雄らブレーンを軸に各省事務局の首脳を集めて新政策をまとめあげた。秘書官時代と同様、池田の「名女房役」として、池田内閣を安定させることに専念する。

新しい保守主義——戦後価値の受容

池田内閣は、「寛容と忍耐」「低姿勢」をスローガンに、「所得倍増論」を政策とし、安保闘争後の殺伐とした空気の転換を試みた。

そもそも池田には、吉田内閣期いくつかの放言・失言のゆえに大臣職を棒に振ったように、一言居士のところがあり、どちらかというと高姿勢なところがあった。秘書であった伊藤昌哉は池田の当時の振る舞いについて次のように語っている。

池田の低姿勢は、一面からいえば池田の本当に意図したものではあったが、他の面からいえば池田の奔放性へのたづなでもあった。それは巷間《こうかん》に言われたような、うわべだけの、袖の下から鎧《よろい》がのぞくという擬態ではないが、同時に、低姿勢が池田本来の姿だということでもなかった。池田は、その政治姿勢を低姿勢におくことによって、それ以後、政治家として、人間として成長をとげていった。（『池田勇人とその時代』）

池田は、大平ら周囲の補佐役とともにある種のチーム組織を形成し、「自分が努力し、成長しつづけることによって、政権をとったあとでも、みんなを求心的にひきつけ、つねに新しい刺激を与えていった」（同前）。また、彼らの意見に耳を傾ける謙虚さを持っていた。

柔軟路線を打ち出すにあたって大平、前尾繁三郎、宮沢喜一らが果たした役割は大きい。「寛容と忍耐」というスローガン自体、宮沢が「寛容」を、大平が「忍耐」を提言したといわれる。もっとも、当初の大平の提案は「辛抱」であったが、語呂を考えて「忍耐」に代えたという。

池田派で別格とされた前尾繁三郎は、一九〇五（明治三八）年、現在の京都府宮津《みやづ》市に生まれ、一高・東京帝国大学法学部を経て、二九（昭和四）年大蔵省に入省した。一九三五年和歌山税務署長のとき、当時大阪の玉造税務署長だった池田勇人と知り合った。主に主税畑を歩み、池田大蔵次官のもと主税局長を務め、一九四九年一月の総選挙で民主自由党から立候補し当選した。議員としては、池田と同期となる。

三人は自民党議員のなかで有数の読書家であり、インテリであり、明確な保守哲学を備えていたことで共通する。大平は「どんなに忙しくても、毎週一度や二度は最寄りの本屋に立ち寄」り、前尾の少年時代からの読書への傾倒ぶりはのちの著作「私の読書歴と読書論」（『政治家の方丈記』所収）に詳しい。宮沢の知性と頭脳の切れ味については言うまでもない。

前尾繁三郎

前尾、大平、宮沢の三人は語り口はさまざまであるが、保守主義の特性について以下の点を共有していた。第一に、保守主義は過去との連続を保ち伝統と秩序を尊重し、そのなかでできるだけ徐々に不安と混乱を少なくして創造と進歩をめざす立場である。第二に、秩序をともなった自由と政治的平等を尊重する保守主義は、当然議会主義、民主主義を擁護し、常識と体験の上に立った中庸の道を歩む。第三に、古いというイメージを持たれる保守主義であるが、あくまで筋を通して、行政と立法の限界を十分考えながら合理主義に徹する。

大平は保守主義のあり方を、次のような言い方で説明している。

人間の歴史には、いつの時代をとってみても、今日と較べて、ひどくよかったという時代はなかったようです。(中略)いかなる手段にも必ずプラスとマイナスが伴うもので、絶対的にプラスである手段などというものはないということです。現実にはよりプラスの多い、よりマイナスの少ない手段を工夫することであると思います。

(「変革と対応」一九六八年三月一一日、『旦暮芥考』)

そして、大平は政治に百点満点を求めてはいけない、「やはり六十点とか六十五点とかをとれば、まずまずじゃないか」(『風塵雑俎』)と言う。

彼らは民主政治を、何をやるかではなくて、いかにやるかであると考え、機能的に見る点で共通していた。それは戦後国民に定着している民主主義意識、平和感覚を尊重しなければ、保守政治の安定は望めないという認識であった。大平たちは国民を意識したのであり、それは彼らが師と仰いだ吉田茂には欠落していたものであった。

池田は安保の教訓を受けて、経済発展を国家目標の中心におき、「政治の季節」から「経済の季節」へと、ギアを切り替えた。ハイ・ポリティックス志向を抑え、経済政策に没頭した池田の姿勢は、自民党の歴史のなかできわめて例外的であった。

池田政権は、池田の本来の性格、あるいはタカ派的イデオロギーとは別に、戦後の日本国憲法に表現された諸価値を本格的に定着させる役割を担うことになる。改憲を求めず、経済を中心に据え、権力の行使を控え、コンセンサスの政治を追求する。その姿勢は大平らに受け継がれていく。

池田と佐藤の対立

一九六〇年一一月総選挙は、安保騒動と浅沼稲次郎《あさぬまいねじろう》社会党委員長の刺殺（一〇月一二日）という殺伐とした雰囲気のなかで行われた。結果、自民党は九議席増の二九六議席となり、社会党は民社党の分裂もあり一四五議席にとどまった。

宏池会は、佐々木義武、浦野幸男《うらのさちお》、田沢吉郎《たざわきちろう》ら新人八名を含む五二名を当選させ、第一派閥に躍り出た。初当選を果たした佐々木は、「九賢会」の縁で池田派に入った。池田首相に挨拶に行ったとき、「派閥はどこに入るのだ」と聞かれて、「大平派」に入ると答え、池田から「大平派なんて派閥はない」といたく叱られたという（『佐々木義武追想録』）。

この頃、大平は郷土の『四国新聞』に次のようなエッセイを寄せている。

時代は想像を絶した変化を経験しています。ことしは何が起こるかわかりません。大いなる不安の連続です。世界をあげて「不安」の時代にさおさしています。しかしこの「不安」も連続すれば、それは一つの「安定」となり得るものです。度胸がすわってくるものです。

私はこの不安定の中に度胸を据えて、新春の感激の中に光明を求めて前進したいと存じます。

（「新春随想　不安の連続は安定」一九六一年一月一一日、『在素知贅』）

この不安が何を指したかはわからない。安保騒動の記憶は生々しく、三井三池争議もまだ解決したばかりであった。大平らしい韜晦《とうかい》なレトリックともいえるが、総選挙の洗礼を受けての安堵と秘かな自信もうかがえる。

池田は前任者である岸との違いを出すことに腐心していた。岸の弱点を問われて、「ソッのないことだよ」と言い切った池田は、民主主義の理解についても「民主主義はそんなものじゃない。日本の国民はあなた方［岸信介］が心配するほどバカじゃない。あなたの考え方と私の考え方はちょっと違うじゃないですか」とその違いを強調した。この池田を宮沢喜一は「戦後の政治家であり、戦後の日本は新しい日本だというふうに考えられる人間」であったと評しているが、そこにはたしかに戦前派と戦後派の断層が見られた。

他方、池田が岸との違いを強調するにつれ、佐藤栄作は池田の政治姿勢に不満を強めていく。風流夢譚《ふうりゆうむたん》事件（一九六一年二月一日）に際して、「表現の自由、思想の自由等も、こすべからざる限度のある事に想を至さねばならない事、左翼の大衆運動が右翼に微妙な影響を与えおる事、警官に事前捜査を行う何等の権限のないこと等」考えさせられる。「池田君は積極的意向なく専ら低姿勢、これでは問題を先送りするのみ」（『佐藤日記』第一巻、一九六一年二月三日、二月六日）と、その及び腰を批判している。

佐藤はこののち政治的暴力行為防止法案（政防法）の熱心な推進者となっていく。警職法改定の夢をかたちを変えて実現しようとの動きに、佐藤がどれだけ関与したかはわからない。池田も決して否定的ではなかったが、参議院で継続審議となり結局廃案となった。大平と伊藤昌哉は、この与野党対決法案の強行は池田内閣に泥をかぶせる「反池田派」の狙《ねら》いと読み取り、二人は警職法の二の舞を懸念し慎重な姿勢を崩さなかった。

また佐藤は、日韓国交正常化問題についても、「池田首相苦慮の様子。此の際の優柔不断むしろあきれた感」（同前、一九六二年一月九日）と記すなど、その政治姿勢に批判を強めていた。

さらなる冷却化

一九六一年六月の訪米後、池田が行った党と内閣の改造は、結果的に二人の関係をより冷却させることになった。

幹事長に腹心の前尾を、政調会長に田中角栄（佐藤派）、総務会長に赤城宗徳（岸派）を据え、内閣には佐藤栄作を通産相、河野一郎を農相、藤山愛一郎を経済企画庁長官、三木武夫を科学技術庁長官にと実力者を取り込んだ。三派体制に変化はなかったが、その後池田は次第に大野、河野ら党人派に比重を移していく。

俊敏な河野に比べると、どうしても佐藤は一歩後れをとる。池田も「河野はたいへん頭の回転がはやい、あれは使える」と重宝する。そうなると、佐藤の不満が高まり、疑心暗鬼が生まれる。大平自身は、持論の「楕円の哲学」を持ち出して「河野と佐藤という党内対立勢力を二つの焦点として、楕円全体のバランスをとることが必要だ」（『伝記編』）と、しばしば説いたという。

大平としては、池田の後任は保守本流の筋でも佐藤であり、彼を尊重する気持ちを変えることもなかった。しかし佐藤は、池田・大平コンビの対応に不満をため、次第に二人に不快感を抱くようになっていく。

だが、一九六二年七月の自民党総裁選は佐藤が立候補を見送り無風となった。池田は三九一票を獲得、白票三五、無効三七の計七二票の批判票が出て終わった。

この直後の第二次池田内閣の組閣名簿を事実上作成したのは、大平と田中角栄であった。大平が官房長官から外相に横滑りし、田中が蔵相に就いたとき、大野伴睦は「これではまるで、田中、大平連立内閣ではないか」と歯嚙《はが》みしたという。

この時期、田中は佐藤派の反池田勢力を押さえて池田や大平を実質的に助けていた。池田再選に際して、佐藤派は主戦論の保利茂と見送り論の田中角栄に分かれたが、田中は佐藤の胸ぐらをつかまえ説得したという。

この内閣で河野は建設相に横滑りしたが、佐藤・藤山・三木武夫らは閣外に去った。「官僚派」対「党人派」という構図は薄れ、池田・大平・河野と岸・佐藤の対立の構図が明白に現れてきたのである。

3　大平外交の展開

外相就任——吉田路線の継承

大平の外相就任について、『朝日新聞』(一九六二年七月一八日)は「内閣の番頭格の官房長官から内閣重要ポストの外相へ——池田首相の信頼は極めて厚い」「今後の日韓交渉など外交懸案に重要な問題が多いので『池田外交』を強く推し進めるためにも腹心の大平が外相」にと報じた。官房長官時代にも「池田—大平外交」といわれていたが、名実ともに備わると予測された。

大平は外交が専門ではない。だが、まったく門外漢であったわけでもない。官房長官として、毎週外務次官などから国際情勢、外交関係についてレクチャーを受けており、その準備はできていた。また外相就任前、一九六一年一一月の日米貿易経済合同委員会にも、官房長官として参加していた。

安保騒動で停滞していた日米関係は、一九六一年六月の池田訪米によってある程度緩和したが、すべてが氷解したわけではなかった。それでも、首脳会談で使われた「日米のイコール・パートナーシップ」(『ライシャワー自伝』)というフレーズは、アメリカ側からの両国間の円満な関係の発展を望むサインであったし、日本側から見ればそのプライドを満足させるものであった。このとき、池田がアメリカ下院で、「今回は援助の要請にまいったのではありません」と述べ拍手喝采を受けたことは、日米関係の変化の兆しであった。

大平は、当時の国際情勢を基本的に米ソの対立構造としてとらえ、日米安保は東西両陣営の力の均衡の一翼を形成していると考えていた。大平は、吉田茂の流れをくむ対米協調が「歴史の成果であり、不動の前提」(「政策転換期の主目標」『在素知贅』)であるという点で揺るぎなかった。この頃大平は、大磯《おおいそ》に隠棲《いんせい》していた吉田のもとを足繁く訪れ、「屈託のない吉田さんのユーモアに富んだお話しをうかがう」ことを楽しみにしていたという。また彼には、占領中におけるアメリカの援助に対する深い感謝があり、それが彼の「親米的というか、日米協調を非常に大事にした姿勢」(『去華就實』)を支えていた。

大平・ライシャワー会談

日米関係――大平とライシャワー

大平は日米相互の理解と信頼を培うために、両国間に不信の種をまくことのないよう絶えず配慮を心がけることと定めた。大平が最も信頼したパートナーが、エドウィン・ライシャワー駐日アメリカ大使であった。

他方でライシャワーは大平について、どちらかといえば目立たない、内気な人物としてとらえていた。その後、交流を深めるにつれ「引っ込み思案であるように見えることによって目立った人物であり、人の後に追随するように見えることによって人を指導するような人物であった。これは、彼が未来についてのビジョンを持っていたからである」(『人と思想』)と、信頼をおくようになる。

大平への信頼を深めた一つの事例として、ライシャワーは原子力船の寄港問題をめぐる対応を挙げているが、ここでは「核の持ち込み(イントロダクション)」に関わる問題――一九六三年四月四日に行われた大平・ライシャワー会談を見てみる。

この会談から三〇年以上経ち、『朝日新聞』(一九九九年五月一五日）が、「核搭載船の日本寄港に、大平外相『了解』裏付ける米文書」という見出しで記事を、そして翌年同紙（二〇〇〇年八月三〇日）で、その詳しい経緯が紹介された。

私［ライシャワー］は四月四日、人目を避けるため大使公邸での朝食会で大平外相と会い、大平氏との間で秘密の「討議記録」の解釈に関し、現行の米国側説明の線に沿って完全な相互理解に達した（米国の解釈と秘密記録の存在自体、いずれも大平氏にとっては明らかにニュースだった）。

米国が「イントロデュース（持ち込み）」という言葉に固執している意味をはっきり説明し、それは日本の領土上に配置したり設置したりすることを意味すると説明した。大平氏は、日本はこれまでこの言葉をこのような限定された意味で使ったことはなかったが、今後はそうすると述べた。（中略）

大平氏の反応は素晴らしかった。彼は、米国が「イントロデュース」という言葉であらわそうとした意味を、自分が（そして多分池田勇人首相も）理解していなかったことを認めた。しかし、それが明らかになったことにショックを受けている様子は見せなかった。

大平にとって「明らかにニュースだった」と記されているように、大平も池田も知らなかった岸政権時代に結ばれた「密約」であった。しかし、大平はそれが約束であり、日本に軍事的役割を押しつけるものでない限り、容認する立場を採った。ライシャワーは、この日米間に横たわる微妙な核の持ち込み問題に際しての大平の理解について評価している。ライシャワーは「自民党の政治家の中には親米的な人は非常に多いけれども、大平さんがもっとも親米的だったんじゃないか」(『去華就實』)と、のちに述べている。

大平が頭を痛めたのは、日本経済の行方に関わる「利子平衡税」問題であった。一九六三年七月、ジョン・F・ケネディ米大統領はドル防衛策の一環として、アメリカで発行される外国証券に対して年率一%の利子率に相当する税を、利子平衡税として徴収すると発表した。実施されれば、日本の国際収支に重大な影響を及ぼしかねず、経済界が受けたショックも小さくなかった。大平は池田首相の命により訪米し、ケネディ、ラスク国務長官、ディロン財務長官らと粘り強く交渉し、「日本が国際収支の危機に陥るようなことがあれば、アメリカは利子平衡税の適用免除も含めて、特別の措置を講ずる用意がある」という声明を出してもらうことに成功した。

一九六〇年代初頭、日本はなお経済小国であり、他方アメリカは自信に満ちていた。だが五年後、大平は衰退したアメリカの執拗な要請に悩まされることになる。

日中台の軋み――LT貿易

大平外交の課題は、日米関係を基軸に、中国、台湾そして韓国との複雑な関係を解きほぐすことにあった。

まず日中関係については、池田の関係改善への積極的な姿勢が目立った。一九六一年の訪米の際にも、ケネディ大統領に日中の歴史的・文化的に密接な関係を説き、日本が中国とヨーロッパ並みに貿易を行うことは当然であると訴えた。中国代表権問題についても、中国がいつまでも国連の外にいることは不自然で非現実的であると指摘した。

大平も渡米のたびに、日中貿易拡大の必要性を説いた。アメリカは当時、中国敵視政策を採っており日中接近にはきわめて警戒的であった。だが大平によれば、アメリカの態度は「アグリーするのでもなく、ディスアグリーするのでもなく、ただアンダスタンドはできるという程度のものであった」(『春風秋雨』)。

大平と池田はともに対中関係の改善に乗り出した。二人は自民党内で日中関係の改善に努めていた長老議員松村謙三や古井《ふるい》喜實《よしみ》(のち法相)をパイプ役に、中国と連絡を取った。その成果が、一九六二年一一月に成立した「LT貿易」(廖承志《りょうしょうし》華僑事務委員会主任と高碕達之《たかさきたつの》助《すけ》元通産相との間で結ばれた総合貿易協定。LTは両者の頭文字)である。以後、日中間の貿易は毎年平均一億八〇〇〇万ドルに上り、北京の日本代表部には通産省の官僚や経済団体から人員が派遣される。

このＬＴ貿易について大平は、一九六四年二月一二日、衆議院外務委員会で「政府と無関係にあり得ない面も」あり、「私とも直接的に関与した面皆無であるとは申し上げません」と微妙な表現ながら、それが準政府間の貿易であることを認めた。

しかし、池田と大平のこうした対中貿易への積極姿勢は、アメリカと台湾の反発を受ける。ケネディ政権は、ＬＴ覚書および同時に結ばれた倉敷レイヨンのプラントの延払いに日本輸出入銀行の融資を適用することに強い不快感を示した。輸銀融資となれば、民間貿易ではなく政府間貿易となるからである。これに対し大平は、日中間協力の歴史は二〇〇〇年にわたり、先の戦争について罪悪認識を持っているといった日中の特殊な関係を説明したが、アメリカは受け容れなかった。

ＬＴ貿易は日台関係も軋《きし》ませた。台湾政府は経済問題としてだけでなく、将来の日台関係に関わる「高度に政治的な問題」ととらえ、日本政府を牽制し、吉田茂・佐藤栄作ら親台湾派に働きかけた。そして、重なるように起こった周鴻慶《しゅうこうけい》事件が、日台間に極度の緊張をもたらした。

周鴻慶事件

事件は一九六三年一〇月、中国油圧機器視察団の一員として来日した周鴻慶が、帰国予定の同七日早朝、台湾への亡命を求めてソ連大使館に駆け込んだことからはじまった。ソ連大使館はこれを聞き入れず、日本の警察は周を出入国管理法違反容疑で逮捕した。大平はこのとき、本人の意志を尊重することが法治国家としての筋であるとした。しかし、周の希望は、日本への滞在、台湾への亡命、中国への帰国と二転三転し定まらなかった。

日本政府が強制退去命令書を出すや、当初対応が鈍く冷淡であった台湾政府の動きが一転した。蔣介石《しょうかいせき》は、日本政府の行動を非人道性と共産政権に媚《こ》びる態度とし、日本の中華民国に対する政策の「試金石」であり、等閑にできないと猛反発した。

台湾政府は、外交ルートを通じて日本政府に強く圧力をかける一方、強硬な報復措置をとる構えを見せた。当事者ともいえる法相は親台湾派の賀屋興宣《かやおきのり》であり、彼は強制退去命令の取り消しも、北京に帰すこともなく、日本に置いておけという立場であった。

この事件は、外相在任中の大平にとって最大の事件であった。ハンドリングを間違えば、中国との細い経済の糸が切れ、台湾とも切れる。外務省内は「鳩首《きゅうしゅ》会議、国運を左右するような重い雰囲気」に覆われた。このとき大平は容易に判断を下さず、「日本の法律に従ってやればいい」と、「非常に理詰め、法律詰めの議論で会議を主導していた」（『去華就實』）という。

大平は時間稼ぎをする一方で、池田と諮り吉田茂に訪台と台湾政府の説得を頼み、断交寸前だった日台関係の改善の素地を作り、一九六四年七月自ら訪台した。蔣介石と会談した大平は、共産主義の危険性とその脅威に対する蔣の見解に同意しつつ、「最も進んだ民主体制を採っておる日本政府としては、政治は国民と共に行わざるを得ず、政府の意思を国民に押し付け強要することは出来ない。共産主義も弾圧でなく、大きく呑み込み解毒しつつ消化しなくてはならぬ」（『伝記編』）旨を強調し、台湾の「反共」に無条件で同調するわけにはいかないと、日台の立場の違いをはっきりさせた。

対中国政策について大平は一九六四年二月、衆議院外務委員会で社会党の穂積七郎《ほづみしちろう》の質問に答えて、「北京が世界の祝福を受けて国連に迎えられるようになれば、日本としても北京との国交の正常化をはかるべきである」と含みのある発言をしている。また政経分離方式についても、政治と経済は一体のもので、「分離するというようなことは世界のどこにも通用しないが、今日の状況ではそれ以外に方法はない」（「日本外交の座標」一九六六年四月五日、『春風秋雨』）と、その限界についても十分承知していた。

大平の中国外交は、国内政治の文脈では北京寄りと見られていた。だが日米関係への配慮から「二つの中国」の立場を踏み外すことはなかった。

日中の関係を「大晦日《おおみそか》」と「元旦」にたとえた大平の中国観は、総じて次の通りであった。

日中両国は、古くから一衣帯水の隣国であり、未来永劫にそうである。好むと好まざるとに拘わらず、相互に分別をもって、平和なつき合いをしなければならない間柄である。ところが、日中両国民の間には共通点よりは相違点が多く、相互の理解は想像以上に難しい。しかし、お互いに隣国として永久につき合わなければならない以上、よほどの努力と忍耐が双方に求められるのは当然である。

（『風塵雑俎』）

日韓米関係――「大平・金メモ」

中国との接近を警戒したアメリカも、韓国との関係改善については積極的な姿勢を示した。アメリカのアジア政策の要である日韓両国が、海峡を挟んでにらみ合っていることは、アメリカにとって好ましいものではなかった。

一九六〇年五月李承晩《イ・スンマン》政権が倒れ、八月に成立した張　勉《チャン・ミョン》内閣はこれまでの反日政策を転換し、日本との国交正常化に強い意欲を示した。これに呼応するように、九月小坂善太郎外相が訪韓し、池田も一〇月二一日の施政方針演説で、日韓関係の改善に積極的に対処する姿勢を示した。

しかし、一九六一年五月に韓国で軍事クーデタが勃発し朴　正熙《パク・チョンヒ》政権が成立すると、池田は韓国に対して慎重な姿勢に転じた。軍事政権との交渉は、南北朝鮮の対立を日本に持ち込むことになりかねず、安保騒動に似た政治対決の再現を危惧《きぐ》したからである。

だが、日韓両国に吹いた風向きの変化は続いた。朴正熙は経済再建のために、国内の異論を押さえ、国交正常化に前向きな姿勢を示した。池田も一九六一年七月訪米後の記者会見で、対韓政策について積極的な態度を示し、「向こうからいってくれば知らぬとはいわない」

（『朝日新聞』一九六一年七月二日）との姿勢を示した。

一〇月には杉道助《すぎみちすけ》大阪商工会議所会頭と裵義煥《ベ・イファン》元韓国銀行総裁を首席代表として日韓交渉が再開され、一一月の池田・朴正煕会談では日韓交渉の早期妥結に向けての合意が行われた。

大平が日韓交渉に直接関与するのは、一九六二年七月の外相就任以降だったが、「大蔵省出身なので請求権問題は専門家に依頼することなく自分自身で解決する」（『検証日韓会談』）と積極的姿勢を示した。大平は就任直後の七月二四日から、杉道助、武内龍次《たけうちりゅうじ》外務次官、伊関佑二郎アジア局長らと会合を持ち、これまでの経緯を聞き、早期の妥結をめざし動きはじめた。

両国の最大の争点は請求権問題であった。八月一七日には大平は、池田、田中角栄蔵相、黒金泰美官房長官らと韓国問題で協議を行った。このとき大平は、これまでのような交渉の継続ではなく、高い次元に立って解決を図りたいと語り、請求権の総額、支払い方法などに関する自身の意見を述べた。それは請求権・無償供与・長期借款からなる総額約三億ドル規模のものであった。

杉と裵義煥の首席代表会談は一九六二年八月から一一月まで、計一四回の予備折衝を重ねた。議題の中心は、請求権の処理方法および金額の調整にあった。両国の隔たりは大きく、韓国の要求が六億ドルに対し、日本側の提案は三億ドルであった。

一〇月二〇日、大平と金鍾泌《キム・ジョンピル》韓国中央情報部長との第一次会談が行われた。ここで、大平は日本国内にある請求権という言葉に対する抵抗に配慮して、無償供与、「独立祝賀金」というかたちにしたいと述べた。請求権の金額になお隔たりはあったものの、交渉の余地は残された。

一一月一二日、大平と金鍾泌の第二次会談が開かれ、請求権に基づく支払いではなく経済協力の名義で無償三億ドル、有償二億ドルを中核に、ほかに民間借款で一億ドル、総額六億ドルを日本が提供するというかたちで二人の間でメモが交わされ、合意が成立した。このときのメモは、「大平・金メモ」と称され、のちに公開される。

日韓関係はその後韓国の政情不安もあり、正常化が実現するには次の佐藤政権まで待たなければならなかったが、大平がのちに述べているように「これでやっと日韓交渉において両当事者が同じ土俵の上に降りてきたことになり、その他の案件についても交渉の糸口が開けた」(『春風秋雨』)ことはたしかであろう。

ただこの交渉が池田訪欧中、すなわちその不在中に、大平自らが行った決断としてなされたことは、二人の間に隙間風を吹かせることになった。池田が「大平・金メモ」を一時留保するなど、大平の独断に不快感を示したからだ。

大平の外交姿勢

大平は、外相の経験によって外交への視野と見識を深めていった。のちに大平には「外交に強い」というイメージができるが、この時期は「バランス・オブ・パワー」というオーソドックスな外交姿勢で問題解決に当たっていたといえよう。ここでは「日本外交の座標」（一九六六年四月五日、『春風秋雨』）を手掛かりに、その外交姿勢を見ておこう。

大平は、第一に「対米自主」という言葉を意識しつつ、「外交というのは、本来、自主外交に決まっているので、自主外交ではない外交なんてない」と断言する。そして、外交の主体性の確立のために最も重要なことは、「自分の力量や寸法」を見極めることにあるという。

第二に、外交が国益を守ることは自明の理であり、その場合「遠い展望に立って、外交が国民の利益になるように心がけなければならない」とする。

第三に、外交の基本を内政との一体化におく。外交は内政の外部的な表現であり、内政の確立なしに優れた外交の展開は難しく、一国が国際的に信用されるか否かは、ひとえにその内政の良否にかかっている。言いかえると、国内政治では経済の安定によって政治の安定を図り、対外政策では相手国との経済協力関係を深めていくことによって、政治的な改善をめざすとした。

大平は、日本の安全確保のためには日米安保を維持することが不可欠であると考えていたが、「日本外交の座標」では、絶対的な安全保障はあり得ず、軍事的側面はその一面、しかも補足に過ぎず、「あるものは、おかれた条件の下においていずれがより安全か、いずれがより少なく悪いか、という選択」であると、非軍事要素に着目していた。

またアジアに対しては、現状では政治的・経済的に未来への明るい展望を描けないとしながら、そのなかでの日本の責務として、アジアの安定と繁栄に寄与し、それによって世界平和を達成することにあるとする。そのために、「自らが品位のある豊かな民主主義体制を確立して、アジアの道標になる」とともに、「アジア諸国の最も親近な友人として、その喜びとともに、その苦難も分かち合わなければならない」と、「共存共苦」の姿勢を示した。

大平外交の特徴は、「日米外交の中身がアジア問題であったり、アジア外交はそのまま日米外交になっておるように、それらは相互に内面的関連があるというより、むしろ一つの外交のそれぞれの側面である」と述べ、アジアとアメリカなどと対立させてとらえないことである。もちろん、この時点の日本はまだ戦後処理の段階にあり、日本自身まだアジア諸国の信頼を得るにいたっていない。大平も積極的に動くことはなかったが、アジアをより広い視野で見通そうとしていたことは確認できる。

さらに、国連との関わりについて、国連財政への協力だけでなく、国連の休戦監視団への日本の参加問題について、国連の平和維持機能を強化し、充実させていこうというなら、協力を惜しむべきではない。さらに将来国連軍ができ、国連が主体となって武力を行使して紛争を解決するという場合、積極的な態度でこの問題は検討すべきであると踏み込んでいる点が興味深い。

池田の大平への「嫉妬」

一九六三（昭和三八）年一一月の総選挙で、自民党は一三議席減の二八三であったが、無所属を加え二九四というまずまずの成績をおさめた。以下、社会党一四四、民社党二三、共産党五と続いた。

宏池会は新人六名を含む四九名を当選させ、第一派閥としての地位を維持した。このとき、のちに大平の下に馳せ参じることになる伊東正義、田中六助《ろくすけ》らが当選している。彼らの政界入りによって、池田派内に大平を中心とする一つのグループがかたちをつくりつつあった。

第二次池田内閣で外相となった大平は、以前ほど足繁く池田のもとを訪ねることも少なくなった。先にも触れたように、日韓交渉は池田と大平との間に隙間風を吹かせることになったからである。池田が「大平・金メモ」を一時留保したことについて、伊藤昌哉は、彼の大平に対する「嫉妬」を指摘する。当時読売新聞記者だった渡邉恒雄《わたなべつねお》も大平の言葉として以下のような証言をしている。

池田は私［大平］が官房長官のときまでは、非常に信用して何でも相談してくれたんです。しかしいまは私に嫉妬している。私が外務大臣になったから、次の総理候補として私に人気が移る。池田はそれを感じて非常に私を警戒しているんです。あなた方は池田・大平は一心同体と思われているでしょうが、全く違う。私が言うのも変ですが、政治家の心理とは恐ろしいものですよ。　（『渡邉恒雄回顧録』）

めぐり合わせは悪いもので、池田三選出馬前のことであろう、池田の耳に大平が「謀叛《むほん》」を起こそうとしているという噂が入った。大平が宏池会の若手議員に若干の活動資金を渡したことで、それが回りまわって池田の耳に入ったのである。池田は大平を呼んで、「お前は新しい派閥を作るそうじゃないか」（『人と思想』）と詰問した。このため大平は一時、池田邸に出入りできなくなったという。

さらに、池田が三たび自民党総裁選に出馬することに大平が消極的であったことも関係を悪くした。大平には「池田はもう十分やったじゃないか。四年も首相を務めれば十分じゃないか」（『総理の品格』）という思いがあった。側近中の側近大平の反対が、池田の気に入ろうはずがない。政権二期目の任期が余すところ半年の頃である。

それでも、一九六四年七月に行われた自民党総裁選で、池田は過半数を超えることわずか四票であったが、佐藤、藤山愛一郎、灘尾弘吉を退け三選した。池田の三選出馬に反対だった大平は、親しい記者に、「本人がやるといっている以上、やらなければならない。しかし、高い切符だよな」（『人と思想』）と嘆いた。その因果であろうか、総裁選後の改造人事は大平でなく、前尾繁三郎の手に委ねられた。前尾は佐藤派との関係修復を眼目として、河野一郎と佐藤栄作のバランスの上に政権の安定を求めようとした。

そのため、党内では河野派をはじめとする党人派、閣内では佐藤派が優先された。幹事長に三木武夫（三木派）、総務会長に中村梅吉《うめきち》（河野派）、政調会長に周東英雄（池田派）が充てられ、佐藤派から田中蔵相の留任に加え、文相に愛知揆一が入閣した。池田派は官房長官に鈴木善幸が座ったものの、大平、宮沢、黒金ら池田派は閣外に出ることになった。特に大平は、期待していた幹事長ポストを逃し、筆頭副幹事長として三木を補佐することになった。大平は切なそうな顔をしたというが、この人事によって大平は次代のリーダーとして一歩後れをとることになる。

池田が三選を果たして間もない八月六日、傷心の大平を突然の不幸が襲った。最愛の長男正樹の二六歳での死である。その落胆ぶりには甚だしいものがあった。

　凡夫である私は生くる希望と情熱を失いかけた。彼はなにものにも代えられない、いわば私にとっては全部に近い存在であった。重い鉛のような悲愁が、鋭利な刃物のような力で今なお私の胸をさし続けている。

（「長男正樹の思い出」一九六六年八月、『春風秋雨』）

このとき、一緒に涙を流してくれたのが、長男を幼くして亡くした経験を持つ田中角栄である。多磨《たま》霊園の墓碑銘には、「父であり友である大平正芳書」と刻まれている。

4　佐藤政権――宏池会の「冬の時代」

池田の入院

熱い夏が過ぎ、大平にとって、そして宏池会にとって、思いがけないことが起こった。池田勇人の病気入院である。総裁選挙からわずか二ヵ月しか経っていない九月上旬のことである。当時の心境を大平は次のように語っている。

　これはえらいことになったというのが、私ども側近の偽らない感懐であった。そしてその瞬間、われわれはお互いに言葉には出さなかったけれども、政権の閉幕という大きな課題を意識していたのである。池田さんの心中は窺《うかがい》知るよしもなかったけれども、表面は極めて平静で、快く入院にも応じてくれた。

（『春風秋雨』）

政権の座に就くことも難しいが、去ることもまた難しい。池田政権の幕引きをどう飾るかは、池田本人に本当の病状を知らせていないだけに厄介であった。しかも、政治家の入院は次を狙う人びとの野心をかき立て、水面下の政争に火を点《つ》ける。「早耳」と呼ばれた佐藤栄作は早速さまざまなルートを駆使して、池田の病状、池田派の動きを探るアンテナを張りめぐらした。以下の佐藤の記述は、池田から佐藤への政権授受に際しての田中角栄と大平の役割と同時に、佐藤の戦略を示している。

ホテル大谷〔ママ〕で田中蔵相と会う。首相の病を巡り政局急変の様子あり。よってその指名を得べく大平、前尾を説得する要ありと云う。余も勿論賛意を表し、来月の十日乃至《ないし》十五日位を目途として（今月）二十五日の医者の総合判断後、退陣を決意さし、その指名をかちおる様努力の事、併せて前尾、大平の団結によりこの方途を講ずべしと云う。

（『佐藤日記』第二巻、一九六四年一〇月二一日）

宏池会は先に述べたように、池田勇人を総理にするための会であった。したがって、池田の退陣は、派の分裂・解体さらには消滅の可能性すら意味していた。後継首相に誰を据えるか、宏池会を誰がまとめるのか、喫緊の課題が眼前に迫っていた。

宏池会の各派動向分析

ここに当時の池田派の動きを示す一つの資料（「池田内閣総理大臣の辞意決意表明」大平正芳関係文書）が残されている。Ｂ５判原稿用紙三一枚からなる大部のものであるが、池田後の宏池会を想定し、各派の動向を分析した、伊藤昌哉の筆になると推定される文書である。文書は、総裁候補を持つ第一グループ（佐藤、河野、藤山、川島、三木の各派）と、持たない第二グループ（石井、大野、池田の各派）に分け、「［後継総裁選出で］池田派の去就は極めて重要であり、各派が注目するところである」とし、次のように説いている。

前尾、大平、鈴木、周東氏らの核を中心として一体とならねばならない。自分たちはどこへ行くのかという不安感を解消し「今迄《まで》通りやれるのだ」「世話をしてくれる人々が居るのだ」という安心感を与えないと動揺は激しいであろう。（中略）最後は池田首相の言葉が千鈞《せんきん》の重みを示すだろうが「幹部一任」をとりつけ徐々にタガをはめ、不純分子の動きを拘束せねばならないだろう。

一番いけないのは、第一グループからの働きかけで、池田派が動揺し、公然たる反幹部運動にさらされて、前尾、大平、鈴木、周東の諸氏が、他派との折衝を行うだけの余裕がなくなることである。

［佐藤派は］佐藤氏自身を含めて自らの政権を九五％信じている。池田派に益谷《［ママ］》グループ、大平グループの協力によって自派に協力すると考えているであろう。吉田（大磯）が最後のきめ手になるとも踏んでいる。この線がのびてくれれば「話合」に応じてもよいし、河野の臨時首相代理は認めてもよいと考えているようである。「河野派との衝突を

避ける」という考え方があることは注意を要する。（中略）河野派の去就も総理総裁を狙う立場である。（中略）河野の処《ところ》へ臨時首相代理が廻ってくるものと判断している。（中略）若《も》し首相がその措置をとらないとすれば、必ず池田派に反発した態度に出るであろう。

文書は、河野一郎と佐藤の提携を警戒しつつ、藤山・川島・三木の三派の分析に移る。いずれにせよ、「後継総裁として最後まで争うのは佐藤、藤山、河野の三人」で、川島正次郎と三木武夫は話し合いによる以外にその目はない。ここから、宏池会としては三木派との提携を重視する戦略をとるべきで、かつ「川島、藤山、河野、大野の四派」をひきつける工作を第一とすべしとした。

宏池会は「藤山をひきつけて佐藤氏と結ばせぬこと」「佐藤氏と河野氏をどこまでも張り合わせること」「最後に藤山と河野と話し合わせて結論をつけること」の三段階を行動要領とした。そして、この第三段階において、池田派と三木派が終始党内をリードするなら、実質上池田の指名によって後継首班が決まったことになるであろうと予測した。その際最も警戒すべき強敵とされたのが、保利茂、田中角栄、福田赳夫の三人であった。

田中角栄との共同行動

他方、大平は伊藤らとは異なり、党内融和の点から当初から佐藤首班を考え、田中角栄と共同行動をとっていた。彼はまた、池田が二期務めた後は佐藤にという吉田の考えを知らされていた。

大平の筆になるメモには、（1）話合いで後継総裁を決める、（2）当分現体制でいく、（3）話合いは河野、川島、三木で主導的役割を果たす、（4）機関中心主義で役員会、総務会、顧問会、相談役会の議を経て、最終的に議員総会でしめくくるとある（「池田内閣総理大臣の辞意決意表明」一九六四年一〇月二五日）。

一九六四年一〇月二五日、東京オリンピックの閉会式を待って、池田は病室から退陣を表明した。前尾は藤山愛一郎で動きはじめた。佐藤は言う。

> 明日藤山君帰国、前尾の線動き出すか。田中―大平ラインに反発を見せ前尾台頭。警戒を要すべき事なり。（中略）愈々《いよいよ》川島の態度不明を伝え、派内騒然、河野派陰謀のデマ頻《しき》りにとぶ。又一面、藤山支持に池田派傾くとも云う。然《しか》し田中―大平の線は一切変りなしとしてかたく首相の裁断をまつべしと云う。
>
> （『佐藤日記』第二巻、一九六四年一〇月二六日、同年一一月六日）

この間、大平は河野派幹部に対して、藤山・河野連携工作を戒め、「河野・佐藤の二つの勢力が一つの安定した組み合わせになった上に日本の政治はある。楕円の二つの中心がちゃんとしていることが大事だ」（『人と思想』）と注意を促していた。

結局一一月九日、後継総裁には、川島副総裁－三木幹事長の調整工作、池田首相による指名というラインに沿って、佐藤が指名された。大平にとって、政権がその落ち着き先を求めて、平河町《ひらかわちょう》の自民党本部と築地《つきじ》のがんセンターとの間で彷徨《ほうこう》していた「まことに長い二週間であった」（『私の履歴書』）。かくして、後継問題は片がついたが、宏池会の前途はまだ明らかではなかった。

佐藤長期政権と戦後価値

佐藤栄作は一九〇一（明治三四）年、山口県熊毛《くまげ》郡田布施《たぶせ》村（現田布施町）に生まれた。岸信介が実兄であり、松岡洋右《ようすけ》が佐藤夫人の叔父にあたることはよく知られている。熊本の五高を出て、東京帝国大学法学部卒業後、一九二四（大正一三）年鉄道省に入った。五高では、池田勇人と同期になった。政友会の松野《まつの》鶴平《つるへい》鉄道相の知遇を得て出世階段を順調に上っていたが、終戦時は運輸通信省大阪鉄道局長に左遷されていた。このことが幸いし、兄信介は追放されたが、自身は追放を免れ運輸次官となった。第二次吉田内閣で、非議員のまま官房長官に抜擢され、このの ち池田と同様、吉田の引きで政界の頂点へと昇り詰めていく。

一九六四年一一月九日、佐藤内閣が官房長官を橋本登美三郎に代えた以外は、池田内閣からすべての閣僚を引き継ぎ誕生した。そして第一声である「国民の皆様へ」と題する演説で、池田を徹底的に賞賛し、その政策を継承することを約束し、「寛容と調和」をそのスローガンにした。

以後、佐藤は七年半の長期間にわたり、首相として君臨した。政権誕生前後、大野伴睦（一九六四年五月）と河野一郎（一九六五年七月）の二人の党人派リーダーが、さらに池田が死去する（同年八月）などライバルの不在が大きかった。

佐藤栄作

佐藤は早速、池田時代からの懸案であるＩＬＯ八七号条約（「結社の自由および団結権の擁護に関する条約」）の批准と関連法案の処理、農地補償などの法案を、社会党の激しい抵抗を排して処理していった。そして、国会が終わると、一九六五年六月内閣改造に踏み切り、自前の内閣を発足させた。

幹事長に腹心の田中角栄、総務会長に前尾繁三郎、そして政調会長に赤城宗徳（川島派）を起用した。内閣では、福田赳夫を蔵相に、三木武夫を通産相に、そして鈴木善幸を厚相に任命した。

佐藤は無口で不器用であり、そのことは事務的・官僚的、暗く秘密主義的な匂いを漂わせただけでなく、実兄岸のイメージとも相まって、ややもすれば右寄りのイメージを与えた。そのせいか国民の人気は上がらず、池田とは対照的であった。この佐藤を、「真ん中より左」に基調を置き、時代を先取りする柔軟な政策を追求する立場を選択するよう演出したのが、いわゆる「S（佐藤）オペレーション」のメンバーたちであった。

現実主義的な「権力の実務官僚」

「Sオペ」は佐藤政権樹立をめざして、愛知揆一をキャップに、楠田実《くすだみのる》（産経新聞記者）や麓邦明《ふもとくにあき》（共同通信記者。のち田中角栄秘書）ら比較的若手のジャーナリストたちで編成された。一九六四年六月総裁選挙に先駆けて、政策綱領「明日へのたたかい――未来からの呼びかけにこたえて」を発表した。綱領は、憲法改正を佐藤内閣の課題としないこと、外交での国際的発言力の確保、そして佐藤内閣の内政の柱として経済開発と均衡のとれた「社会開発」の必要を説いた。

政治姿勢といい、「社会開発」の提言といい、佐藤もまた池田と同様、楠田ら戦後を「戦後」としてあるがままにとらえ生きてきた、言いかえると、戦前との行きがかりをもたず、戦後の民主化に素直に向き合うことのできる人びとによって支えられたのである。

実際、佐藤は首相在任中、兄岸信介のように憲法の戦前回帰的改正の意図を決して公言しなかった。首相就任の最初の記者会見では、「新憲法は現在国民の血となり肉となっている」とまで言い切っている。楠田は言う。「総理の国を守る気概にしても、賀屋［興宣］さん的なものとは違うんだということにならないと国民はついてこない。新聞記者には、総理の考え方は岸さんとも賀屋さんとも発想的に違うんだと説明している」。これに対し、佐藤も「発想的にも表現も違うよ」と応じている（『楠田實日記』）。

また、政権の目玉とされた「社会開発」は、池田政権下の経済成長政策で生じた国民生活の大きな歪《ひず》みや繁栄のなかの貧困からの脱却をめざすものであった。それは従来の経済開発、つまり生産第一主義への極端な傾斜を改め、「バランスのとれた経済発展と社会開発によって『暮らしやすい生活環境』と『豊かで愛するに足る国土』がつくられるべきである」と謳っていた。社会開発は宮沢喜一はじめ、かなりの人びとが意識しはじめていた頃であり、佐藤らがその考えを発表したとき、池田陣営のスタッフが地団駄を踏んだという。

佐藤はこうしたブレーンを活用する一方で、田中角栄、福田赳夫、保利茂ら次代を担う政治家たちを政権の要のポストに据え、巧みにかみあわせ、相互に牽制させながら使った。佐藤は「人事の佐藤」と呼ばれたが、佐藤以後に野心を持つ田中と福田を競わせながら、野心の少ない保利を両者の調整役にあたらせた。佐藤派では、保利が政治面で大平と同じ役割を演じ、田中は資金面で佐藤を支えた。

田中、福田、保利の三人は、新憲法の精神で政治を運営し、旧政党の残滓《ざんし》を払い、サンフランシスコ平和条約、日米安保条約を日本の骨組みとして維持し、発展させるという点で、大平らと共通していた。

他方で、彼らは現在の国家としての組織・制度を完全なものとしてとらえず、占領政策の手直しを志向した点で、池田の側近たちが持っていた新保守主義的な感覚——戦後の日本に定着した民主主義意識と平和感覚を尊重し、保守政治の方向をそれに適合するように変えてゆこうとする積極性は稀薄であった。

とはいえ、政治的局面で三者が織りなす仕草には、戦後価値に逡巡《しゅんじゅん》を示しつつも、保守権力の維持のためにある程度調子を合わせる柔軟さがうかがえる。これらは佐藤の人間・思想とも適合するものであり、きわめて現実主義的な「権力の実務官僚」であった。

宏池会内部の微妙な軋み

池田は病に倒れ総理を辞したのち、一九六四年一一月末に前尾を呼び、宏池会を引き継ぐことを求めた。さらに翌年七月、ガンが再発し入院するに際し、前尾、大平、鈴木の三人を呼び後事を託した。

このときの池田の発言について、出席者の間で微妙だが重要な解釈の違いがあった。前尾は池田が自身を後継者にするとはっきり明言したと信じ、大平は前尾を後継に指名したわけではなく、ただ「あとは君たちよろしく頼むよ」と言っただけだととらえた。鈴木は、池田に対して、「宏池会をみんなで盛り立てて行くから、ゆっくり養生してください」(『伝記編』）と答えたという。三人三様のとらえかたであったが、大平も年齢と経歴からいって前尾が後継者となることに不満はなかったと思われる。前尾は池田の死後、一九六五年八月から正式に派を引き継いだ。

だが池田退陣による後継選びで、前尾は藤山を推し、大平は佐藤後継指名に努めた。両者の間に齟齬《そご》が見られ、このことは宏池会内部に火種を残した。その後の推移は、まさに火種が現実のものへと点火する危険性をはらんでいた。

前尾は、宏池会の世話人をほぼ自分の同志で固め、周東英雄を代表世話人に運営し、宏池会の政治資金を手に入れた。これに対抗するように、大平は新たに事務所を構え、佐々木義武、田沢吉郎、伊東正義、田中六助ら若手代議士を集めて「木曜会」を結成し、別に政治資金を独自に集めはじめたからである。

宏池会内部に生じた微妙な軋みは、佐藤の巧みな政権運営術——宏池会に対する派閥分断策によって翻弄《ほんろう》されることになる。この佐藤政権の時期こそ、宏池会にとって、そして大平にとっても「冬の時代」といえる。ポスト配分で派閥均衡は図られたものの、宏池会に有力ポストが回ってくることは少なかったからだ。

一九六六年八月一日の改造で、佐藤は宏池会に対して、鈴木を厚相に留任させ、前尾系で佐藤に近い福永健司を総務会長に起用する一方、総務会長だった前尾を北海道開発庁長官という閑職に追いやった。政調会長の本命とされた大平も、田中角栄の佐藤への進言にもかかわらず退けられた。田中とつながる大平の勢力の拡大を未然に防ぎ、田中－大平ラインを抑制し、大平を中心として池田派が強力となることを阻止する狙いがあった。

黒い霧事件

改造前後、自民党代議士田中彰治《しょうじ》（河野派）が恐喝・詐欺容疑で東京地検に逮捕（八月五日）されたのを皮切りに、荒船清十郎《あらふねせいじゅうろう》運輸相（川島派）辞任、上林山栄吉《かんばやしやまえいきち》防衛庁長官（佐藤派）と松野頼三《らいぞう》農相（佐藤派）の公私混同の問題など不祥事が相次ぎ、政府、自民党はメディアと世論の集中砲火を浴びた。「黒い霧事件」である。内閣支持率も二五％にまで落ち込み、年末の総裁選挙を見込んで藤山愛一郎を担いだ反佐藤の粛党運動が起こった。

しかし、佐藤に対抗できる実力者はいなかった。宏池会でも、擁立を主張する若手と、佐藤は旧吉田派の同根であるとしてそれに反対するベテラン議員たちとに分かれるなか、前尾は立候補を見送った。

一九六六年一二月の自民党総裁選挙で、佐藤は二八九票で再選された。それは、佐藤派の少なくとも三〇〇票という予想を大きく下回るものだった。以下藤山八九、前尾四七、灘尾一一、野田卯一《ういち》九、その他五であった。立候補しなかった前尾に票が集まったのは、派内に自主投票とするが、まとまったかたちで前尾に投票するという反佐藤色を強めた周東・大平ら幹部の工作があったからである。

再選後、佐藤は論功行賞と総選挙の布陣を考慮して、党と内閣の改造を行った。川島副総裁と田中幹事長のコンビを、黒い霧事件の責任を取らせ更迭し、幹事長に蔵相から福田赳夫を横滑りさせ、総務会長に椎名悦三郎(川島派)、政調会長に西村直己《なおみ》(佐藤派)を就けた。官房長官には前尾派から福永健司を引き抜き、宮沢喜一を派の意向を無視して経済企画庁長官に一本釣りした。

黒い霧事件の逆風を受けて行われた一九六七年一月総選挙では、議員の総数が一九増えたにもかかわらず、自民党は六議席減の二七七議席にとどまった。苦戦が伝えられていただけに、自民党は善戦と評された。以下社会党一四〇、民社党三〇、そして衆議院初登場の公明党が二五議席獲得した。このとき大平は二位を二万五〇〇〇票近く引き離しトップで当選し、以後亡くなるまでその座を渡すことはなかった。

大平はかつて、汚職・不正・権力闘争や利害対立の様相、政治の非能率と不信、そういった一切のものが、とにもかくにも国民のすべてにわかるようになっているのが、民主政のよさだと述べたことがある。黒い霧事件に絡んでも、彼は国民の間に政治不信を招いていることを率直にお詫びする一方、「政治家自らが責任と義務を自覚して、その行動に真剣な反省を加えつつ、政治に対する信頼を培っていくことが肝心」であり、「政治家は検事でもなく、議会もまた裁判所であってはならない」(『旦暮芥考』)とブレーキをかけた。そして、最終的解決は検察当局と裁判所に委ね、その公正な判断と措置に待つべきであるとした。

観察と思索のとき——『旦暮芥考』

さて、池田政権末期から佐藤政権初期の一九六〇年代半ばから後半にかけて、大平はどういった気持ち・考えを持っていたのだろうか。長男正樹の死、池田の病気退陣という「不慮の出来事」に見舞われ、そして佐藤政権の開幕と、その舞台回しに明け暮れた半年を、大平は次のように振り返っている。

> 時というものは不思議な構造をもっております。ちょうど川の流れのように、淀みなく静かに流れる時もあれば、激流や急湍《きゅうたん》となって荒れ狂う時もあります。（中略）何となれば禍《わざわい》というものは多くは得意の時に生じ福というものは殆んど例外なく隠微の中に育まれるものですから。
>
> （「禍生得意、福育隠微」一九六五年二月二三日、『資料編』）

大平はどういうわけか佐藤に嫌われ、要職から遠ざけられ閑居を余儀なくされた。その理由について、大平自身は「私の後ろに池田さんの顔が見えるのでしょう」と言い、鈴木善幸は「自分と同じ資質を見ていたからではないか」（『去華就實』）と述べている。佐藤が大平に自分と同じにおいをかぎ、その才を自分の政権にとって危険な存在と見ていたのかもしれない。

この間、大平は不遇を嘆じてばかりいたわけではない。それは彼にとってよき休息と、日本の戦後のあり方や保守の来し方を観察し、思索する時間であった。大平は好きな読書にいそしみ、書を通じて「今人故人」との秘かな対話を楽しみつつ、次のように振り返る。

［西洋思想と東洋思想という］二つの大きい思想的潮流の渦中に投げこまれて、右往左往してきた［近代］日本であった。（中略）そのことは戦後においても変りがないばかりか、戦後における日本の特異な精神情況は、その平和回復の過程との関連において、より多く西洋思想の側に揺れ動いてきたともいえよう。

ところがわれわれ日本人の精神の渇きは、こういう過程を通していっこうに癒されることもなく、みずからの思想と生活の投錨《とうびょう》点をどこに見出すべきかも決めきれず、依然として彷徨と苦悶を重ねておる有様である。真に日本的なもの、われわれが誇りと自信をもち得る固有な日本思想は、いったい何かという課題は、政治においても、経済においても、さらにはより深く文化の世界においても、発掘され確立されていない現況である。

（「私と読書」一九六五年八月、『春風秋雨』）

大平はこうした混迷の原因を、敗戦によって価値体系が総崩れし、戦前の権威がすべて崩れ去ったことに求めた。しかし、この解決を戦前への回帰に求めない。なぜなら占領軍が、日本古来の権威をすべて砕くことを指向していたのに、日本人の抵抗が意外なほど弱かったからだ。その理由を求め大平は、「天皇にしても、ほかの権威にしても、国民にとっては与えられたもの」（「日本の発見・私は考える」一九六六年六月二二日、『在素知贅』）に過ぎず、自分で思考し、血みどろになって闘いとったものではなかったからではないか、と自問自答する。

そこで大平は、人びとにひとまず家庭に、そして地域に帰り、自分がどうすべきかを考えよと勧める。保守主義者大平であったが、保守派が批判した私的な幸福を追求するシステムとしてのマイホーム主義を否定することなく、家庭や地域での生活から考えてこそ、本当の平和と繁栄が生まれ、理想的な社会人、国民が生まれると読み替える。そして、日本人に対する信頼と期待を吐露する。

日本人がかなでる音楽は一つのコーラスになっていますよ。ときどき不協和音がありますけどね。案外調和はとれているんじゃないでしょうか。それが一つのリズムにのるのは、大変むずかしいには違いないけれど、日本人はバカじゃない。必ずリズムを生み出し、りっぱな芸術をつくりますよ。ぼくは日本人を信じます。また、そう信じる気持ちが唯一の支えです。それがなくちゃ、政治家としても生きていかれませんよ。

（「日本の発見・私は考える」一九六六年六月二二日、『在素知贅』）

そして、政治および政治家の役割は、すべての国民にそれぞれの立場でこのコーラスに参加しようという気持ちを持ってもらうことにあると説く。そこには、政治はあくまで「お手伝い」の役割を超えてはならないとの考えがあり、翻って大平は政治が何をなすべきか、何をしてはいけないかを探し求めた。

大平は一九六〇年代後半、折々に書き留めた文章をまとめ『旦暮芥考』（一九七〇年八月刊）という自著をものしている。そのなかのエッセイ「浪人礼賛」（一九六七年八月二一日）で、寸秒を争うスケジュールによるストレスから解放され、友人からの嫉妬に煩わされることもなく、政治を一定の距離をおいて観賞することもできるとし、「こういう我が儘《まま》は、いつまでも許されることではなかろうが、若しこのまま人生の終着点に辿りつくということになっても、悔いる必要はあるまい」と、この時期について回想している。

政調会長へ

休息の時間も長くは続かなかった。一九六七年一一月、訪米から帰国した佐藤は、党・内閣の改造に着手した。川島正次郎が副総裁に返り咲いたが、田中角栄はまたも外された。幹事長に福田赳夫が再任され、総務会長に橋本登美三郎、そして政調会長に大平が就任した。

大平にとっては、三年間の無役時代を経ての就任であったが、裏面で大平－田中ラインの分断を謀った福田の画策があった。

政調会長に続く通産相時代も含めて、大平は『私の履歴書』でこの時期についてはごく簡潔にあっさりとしか触れていない。それは、佐藤との微妙な関係や、彼を悩ませた「糸で縄を買った」と評された日米繊維問題に関わる苦い記憶につながるからであろう。それでも、大平は誠実に問題に当たり、新たな課題に対処していく姿勢は変えていない。

政調会長として、大平が取り組んだ最も大きな課題は、財政硬直化――特にコメ、国鉄、健保のいわゆる3K問題であった。当時大蔵次官だった村上孝太郎（のち参議院議員）は、「3Kなどの硬直化要因を取り除き財政を何とかしておく必要がある」と、大平のもとに日参したという。

大平は、一九六八年一月三〇日の衆議院本会議で代表質問に立ち、次のように述べた。

硬直化要因を仔細《しさい》に検討すると、その禍根は財政金融の分野にとどまらず、広く制度や慣行のなかに深く根を下ろしていることが判然とする。（中略）政府の機能が、時代の推移とともに、益々分化する傾向にあることも、これを是認する。しかし、それらの一切の制度や慣行は、財政力の限界内において、時代の要求にキビキビ対応することが要求されていると思う。今日の日本財政はそれが供給しうる栄養分を超える機構と要因を荷っておるように思えてならない。（中略）真の解決の要諦《ようてい》は、言うまでもなく政府の勇断であり、これを理解し受容するであろう国民の英知である。もはや国民は甘い迎合的な政治の姿勢に顔をそむけつつあると私は考える。私は政府に対し、真実は真実として、これを国民に伝え、困難は困難として、これを国民に訴える素直な態度を要求する。

日本財政が「供給しうる栄養分を超える機構と要因を荷っておる」と指摘するとき、行財政改革の必要が、あるいは原点である「棒樫財政」に戻ることが求められたと思われる。

大平の質問について、佐藤栄作は「江田三郎、大平正芳の順で質問がはじまり、演説は人柄で冴えないが、内容は共にいい。殊に大平君の出来はすばらしい」（『佐藤日記』第三巻、一九六八年一月三〇日）と、佐藤にしては珍しく褒《ほ》め言葉を記している。

また、3Kの一つ、一九六八年産の生産者米価について次のようなことがあった。自民党総務会で、二人の総務（田村元《はじめ》、田村良平）が、「わが党が農業政策に理解が足りないから、こんな低い米価が議題になっているのだ。大平政調会長などは大蔵省のエリート官僚出であり、農民の生活など知らぬからこんな事態を招いたのだ。ただちに辞職して、退席せよ」とブチあげた。

大平は黙って聞いていたが、こうした議論に愛想が尽きたのか、憮然《ぶぜん》として席を立とうとした。だが、隣の席にいた田中角栄米価調査会会長が大平の腕をつかんで引き止め、「腹を立てて席を立つ奴があるか。席を立ったら再び戻れないよ」とたしなめた。大平はしばらく一点を見つめて黙っていたが、やがて口を開き次のように述べたという。

両総務は私に、大平は百姓の生活を知らないと言われたが、あなたたち両君とも父君はわれわれの先輩代議士であり、名門の出で、裕福な家庭で育った方だ。それにくらべ私は、讃岐の貧農の倅《せがれ》である。私は少年の頃、夜明けとともに家を出て、山の中腹にある少ない田圃《たんぼ》を見回ったのち、朝いちばんの汽車で通学するのが日課であった。家貧しく学費も少なく、給費生として勉強し、漸く大学を終えたのである。このような大平が農業を知らない人といわれることは心外である。（『人と思想』）

このとき久しく眠っていた彼の「農魂」が、ムクムクと頭をもたげてきたことは想像に難くない。

通産相時代

一九六八年は「明治百年」にあたり、日本は過去一世紀、そして戦後を振り返る時期であった。この頃、燃えさかる大学紛争、ベトナム反戦運動など社会は騒然とした空気のなかにあった。一方で、日本はGNP世界第二位となっている。大国としての振る舞いを求められるようになるのはまだ先のことであるが、国際社会のなかでの日本のあり方と同時に、ナショナリズムの行方が意識されるようになっていた。

一一月、自民党総裁選挙が行われた。佐藤、三木武夫に加え、宏池会会長でもある前尾繁三郎も名乗りをあげた。結果は佐藤二四九、三木一〇七、前尾九五であった。意外にも三木が二位に入り前尾を上回ったことは、宏池会内に大きな波紋を呼び、中堅・若手層を中心とする反乱を招くことになる。

その後の党・内閣の改造では、田中角栄が幹事長に復活し、総務会長に鈴木善幸(前尾派)、政調会長に根本龍太郎(園田直《そのだすなお》派)が就いた。内閣の中枢は、沖縄返還を見すえて、蔵相に福田赳夫、官房長官に保利茂、外相に愛知揆一を配し、大平は政調会長から通産相に横滑りした。

通産相としての仕事の一つに、日本経済の発展にともない急速に高まってきた、国際社会からの資本自由化を求める声への対応があった。大平は自由化の要請に応え、日本の産業をいかに適応整備させるかを追求する。一九七〇年三月の八幡製鉄と富士製鉄の合併による、新日本製鉄の誕生はその一例であるが、同時に民間主導の経済運営への転換を説いた。

民間主導の真の意図するところは、これからは民間企業が自らの力によって厳しい国際競争を乗り切るのだという、はっきりした自覚を持つべきことを促したいことにある。いうまでもなく、自由経済体制にあっては、経済発展の担い手は民間企業であり、民間の英知、活力、創造力こそが発展の原動力なのである。ところが、従来、日本の企業は、困難な事態となるととかく政府に頼りがちになるという風潮がみられた。こうした安易な態度を改めなければ、未来へのたくましい発展は望めない。

（「新通商産業政策の課題」一九七〇年一月、『資料編』）

それは、自由化要求を「黒船の再来」として、官僚主導のもと日本産業を守ろうとしていた通産省事務局の考えとは異なるものであった。さらに大平は、民間企業および国民の政府依存癖、受身意識、被害者意識を批判し、国民意識の転換の必要を説いた。

日本人にはどうも受身意識というか、一歩進んで被害者意識とでもいうべきものが、論議の軸にまとわりついているように思われてならない。このようなことでは日本人は遂《つい》に大国民にはなれないばかりか、健全な常識に支えられた、バランスのとれた国民生活を営むについての根本的な要件を外してしまうことになりはしないかと案じられる。

（「受身意識からの脱却」一九六九年四月、『在素知贅』）

日米繊維交渉の不調

大平を最も悩ませたのは、日米繊維摩擦であった。繊維問題自体は、日米双方にとって本来些細な問題であったが、沖縄返還交渉の大詰めの段階と重なったことで政治化し、周知のように、のちの経済摩擦の原型となった。

沖縄返還について、大平自身は「年月が経過すれば米国は沖縄を返すであろう」(『去華就實』)と考え、むしろものごとが熟さぬうちに返還をアメリカに要求することは、かえってアメリカ側から核付き返還など、何か他の問題との取引を持ち出されかねず、そのことが国内政治に跳ね返って激しい論争になりかねないと懸念していた。

交渉の過程で、大平はアメリカ側に対し「米国が主張して作ったガット[「関税と貿易に関する一般協定」]のルールを無視した規制措置は、日米関係のためにも、米国の繊維業界のためにもならない」と、自由貿易体制の維持を説いた。日本の繊維業界や通産省事務局も、「被害なき所に規制なし」を主張し、大平のガット・ルール尊重の自由貿易主義に絶大なる信頼を寄せていた。

アメリカ側の余裕のない態度に、大平は通産省内関係者に「米国も困ったことを言い出したものだ。かつての矜持《きょうじ》はもはやない」(『人と思想』)と漏らしていた。アメリカが求める繊維産業の被害の実証調査を誠実に行う一方、多国間協議を提案するなど妥協の道を探った。

しかし、こうした姿勢は、アメリカの期待にも、佐藤の意にも沿うものではなかった。

佐藤自身は「敵は本体は『せんゐ〔ママ〕』問題」にあり、「経済問題は全体として注意することはまず、『沖縄と取引きされたと云ふことのない様に、そして全然別個の問題として取り扱うように注意する』こと」（『佐藤日記』第三巻、一九六九年一一月一九日、二〇日）と考えていた。他方、ニクソン米大統領は支持者の圧力を受け、佐藤のリーダーシップによる早期の解決を期待していた。難しい宿題の解決は不調に終わった。

一九六九年一二月、佐藤は沖縄返還の約束を取りつけ帰国するや、解散総選挙に打って出た。二七日投票の総選挙で、自民党は二八八名に無所属で当選後に入党した一二名を加えて三〇〇の大台に乗せた。対して、社会党は前回の一四〇から九〇へと、一挙に三分の二以下に減らす。民社党はほぼ現状維持の三一であったが、公明党が二五から四七に、そして共産党が五から一四へと二ケタ台に乗せた。もっとも自民党の得票率は四七・六％で、前回に続き五割を切った。

一九七〇年一月の内閣改造で、留任を疑わなかった大平は、思いもよらぬ更迭という憂き目にあった。後任に宮沢喜一を据えたことは、大平に対する佐藤の不満の表れととれる。佐藤は日記に「宮沢通産相（大平辞任）、荒木〔万寿夫《ますお》国家公安委員会委員長兼行政管理庁長官〕留任、佐藤〔一郎〕企画庁長官等は評判がよろしい」（同前、一九七〇年一月一四日）とわざわざ記している。しかし、宮沢も、繊維製品の輸出の自主規制の解決に失敗した。大平、宮沢と二人を悩ませた繊維問題は、一九七一年一〇月ようやく田中角栄の手によって解決された。

一三〇〇億円の補助金支出と引き換えにしたその手法について、宮沢は「田中さんが政治家であって、私が政治家でなかったところですね」（『宮沢喜一―保守本流の軌跡』）と述べている。

一九七〇年代への展望

日本は、一九六〇年代に経済を武器に、国際社会から信頼を獲得しようと突き進んできた。だが、七〇年代に入り今度は経済が外交の主要なテーマとなり、争点となりつつあった。背景には、アメリカの国際的地位の低下をはじめとする戦後世界の構造変化があった。

大平は当時の状況を次のように概観している。

ベトナムの泥沼から脱却したアメリカが、アジアに対してこれまでと違った新しい接近を試みることは、先ず間違いない。それによって差し当たり一番大きい影響を受けるのは、アメリカの朝鮮とベトナムにおける苦いプレーに乗じて経済発展の得点を重ねてきた日本であろう。（中略）［日本の役割は］ドミノ理論の呪縛《じゅばく》から脱したアメリカのアジアにおける新しい政策の案内人として、或いは新しい仕事に取組むパートナーとして、日米間の新しい協力関係を打ち立てることである。そして不幸を重ねてきたアジアの進歩を促進することである。

（「米の新アジア政策」一九六八年五月一三日、『旦暮芥考』）

大平は、揺らぐ日米の政治経済関係の間で、アメリカも もう日本を庇護する余裕はない、むしろある面では競争関係がはじまっている、これからの日米関係はこれがあたりまえの姿になるのではないだろうかと考えはじめていた。そして、アジアについても次のように言う。

われわれのもつ可能性は最大限にアジアのために絞り出さねばならない。しかもそれは、われわれのアジアに対する厳粛な責任であって、そのためにわれわれがアジア諸国に恃《たの》むところがあってはならない。それこそは単にわれわれのアジアに対する過去の贖《しょく》罪《ざい》に留まらず、これからのアジアの平和と安定に不可欠な礎石であり、それこそが日本自体の生存と安全に通ずる大道であるからだ。

（「ナショナリズムの新しい展開」一九七〇年五月一〇日、『旦暮芥考』）

そして、日米関係の変化を見据えつつ、彼は次の一〇年を次のように予測した。

六〇年代から七〇年代を迎えようとしている現在、静かにわが国の来し方、行く末に思いをめぐらせてみると、いまやわが国は大きな転換期を迎え、いわば新たな歴史的段階に進み出ようとしていることが感じられる。

明治維新以来のわが国の国家目標は、一言にしていえば欧米先進国に追いつき追い越せということであった。（中略）七〇年代を迎えようとしつつある今日、日本は漸くそのキャッチ・アップの段階を終えようとしている。（中略）従来のような先進国の知識と技術を学び取ることによる模倣的発展の時代は、もはや過ぎ去ったと見るべきであろう。すなわち自らの力で新しい領域を切り開き、自力で独自の道を歩む創造的発展への転換のときであるように思われる。（「新通商産業政策の課題」一九七〇年一月、『資料編』）

大平は、明治維新以来のキャッチ・アップ型の近代化の時代が終わり、次なるステップについて「自らの力で新しい領域を切り開き、自力で独自の道を歩む創造的発展」を説いた。そうした国際社会で日本人は、「スマートな国際人になることはむずかしいにしても、少なくとも信頼される国際人にならなければならない」（「平和国家の行動原則」一九七二年五月八日、『資料編』）と語っている。

国内に目を転じれば、経済の高度成長という果実を享受する一方、社会構造の変化と、それにともなう国民意識の変化が、長期化しつつあった自民党政権の足元に押し寄せていた。高度成長の歪みを是正するという宿題は、大平をはじめとする次代のリーダーたちに委ねられたのである。

第3章　宰相への道――「三角大福」派閥抗争の時代

1　大平派の誕生

宏池会に生じた亀裂

一九六八（昭和四三）年の総裁選挙で佐藤栄作に三選を許し、しかも前尾繁三郎が三木武夫の後塵を拝したことは、宏池会内に、伊東正義、田中六助、佐々木義武、田沢吉郎ら若手・中堅層を中心とする前尾への不満を増幅させた。

これに対し、前尾周辺からは敗北の責任を活発な動きをしなかった大平に求める声があがり、亀裂が生じた。大平は「前尾派をどうするか、前尾さんがどうするかは、前尾さんご自身がよくお考えになって決められるだろう」（『人と思想』）と、すべての判断を前尾に委ねた。

この間、宏池会は一九六七年一月総選挙で四三名に減らし、六九年総選挙でも現状維持の四三名と伸び悩んだ。

前尾は、無類の読書家で文人政治家としても知られ、名誉や欲にあくせくせず、東洋的大人の風格があると評された。このことは逆に、肋膜《ろくまく》という持病を持つその健康上の理由と相まって、派閥のリーダーとしての弱みとなった。

宏池会は俗に「お公家集団」と揶揄《やゆ》されるが、この呼称は前尾が派閥を率いていた時代に、佐藤派周辺から囁《ささや》かれはじめたものであった。前尾は派閥について、親分と子分との個人的関係によって動くことで、いわゆる「ボス政治」を横行させ、自民党に古臭い感じを与えていると見ていた。もちろん前尾は、政策を中心としたグループを否定しなかったが、派閥によって地位や資金が不公平に分配されることは、「悪弊」としか言いようがないとしていた。

他方大平は、派閥について次のように見ていた。

現実の水はH_2Oではない。……蒸留水ではないんで、人間の社会もそんなに純粋じゃない。派閥的活動というものは、いい方向に働けば許容できるのじゃないか。これが例えば人事その他のエゴイズムに走ることがあれば、矯《た》めていかなければならない。派閥的活動は人間の集団にはある程度、避け難いものである。これは……歴史的現実はそういったものじゃないだろうか。

（「大平識見」『在素知贅』）

「人間は派閥的動物であり、三人寄れば二つの派閥をつくるものだ」とは、大平がしばしば口にした言葉であるが、積極的でないにせよ、派閥の功罪を十分に知る派閥容認論者であった。

大平は派閥の功を三つに分けてとらえている。一つは、政治家ないし政治集団の活動の根源である政治的エネルギー・活力を生む場所として、二つ目は政治権力の独裁をチェックする機能として、そして三つ目にサロンないしは勉強会的に気心の知れた者同士が、自由にモノを言い、親睦《しんぼく》を深めるオアシスとしてである。

前尾と大平の派閥観、領袖《りょうしゅう》としてのあり方の違いは、彼らを取り巻く人びとの憶測を呼び、やがて宏池会を二分することになる。

佐藤四選と宏池会の「集団指導体制」

派内の不協和音が頂点に達したのは、一九七〇年一〇月の佐藤四選のときであった。

前尾は入閣含みで、佐藤に協力したが、四選後内閣改造は見送られ、佐藤に「食い逃げ」された格好となった。宏池会の会合は荒れた。大平側近の一人と目された田中六助が起《た》って、壁に掲げられた故池田前首相の写真を見上げながら言った。

池田派が継続されていく限り、私はこの派に骨を埋めるつもりでいたが、今日という

田中六助

今日はカンニン袋の緒が切れた。佐藤さんが約束をホゴにしたとき、前尾さんはなぜ〝同志の皆さんと相談してから〟と言われなかったのか。前尾さんの役割は佐藤さんのわがままをチェックすることにある。それなのに、改造の匂い薬をかがされた上、利用するだけ利用されたのでは、もう我慢ができない。私は前尾さんとたもとを分かち、もう二度とここへは足を踏み入れないだろう。

（『人と思想』）

田中は、涙を拭《ふ》きながらドアを開けて退席した。

前尾の態度に業を煮やした若手が大平を担いで、クーデタを起こした。分裂覚悟で、伊東正義、田中六助、浦野幸男、佐々木義武、田沢吉郎ら一七名が前尾の退陣要求書に署名したという。このときが、宏池会にとって最大の危機であった。

一一月初め、宏池会ではいったん「集団指導体制」に移行するということで収拾が図られた。大平を中心として、鈴木善幸、小平久雄《こだいらひさお》、小川平二《おがわへいじ》、塩見俊二《しおみしゅんじ》の五人が前尾を補佐することになったが、分裂の火種が消えたわけではない。

大平は、池田の在世中、池田派の資金源を委ねられていた。これが、大平の今日の政治力の源泉のひとつである。今日、資金力の面で、池田派の中で、大平の上を行く人物はいないであろう。大平の強みは、もうひとつ、大蔵官僚出身として財政通であることと、二期にわたる外相在任を通じて、外交政策にも通じたことである。彼の弱みは、弁舌が下手なこと、寝業《ねわざ》裏芸に秀いで過ぎ、表芸立業《たちわざ》がニガ手なことである。

（『政治の密室』）

資金面でも、大平が力をつけてきた。「鈍牛」と呼ばれた風貌とは異なり、「寝業裏芸」に秀でているというのが当時の大平評であった。大平は政策に秀でただけでなく、宏池会において、派閥の存在理由《レゾン・デートル》の根幹をなす「カネとポスト」を取り仕切ることによって、派内で力をつけていった。

財界の前尾離れも次第に明らかになってきた。桜田武は「宏池会は池田勇人以来、立派な人間集団として伝承されてきた。この大事な会を、いかに責任をもっていくべきか、われわれ関係者も関心を持って」（『伝記編』）いるとの意向を示し、暗に大平への交代を求めた。また、大平の秘書だった安田正治《やすだまさはる》は、宏池会の場合、資金集めに走らなくても、旧財閥系の企業との懇親会で「今年も政治献金を宜《よろ》しく」と言えば、それで済んだという。ところが、ある年の財界人との忘年会には誰も来なかったという。前尾離れは強まっていた。

前尾から大平へ

長老と中堅・若手との世代間対立は、ヒートアップしていた。大平は悩んだ。池田が作り、自分たちが苦労して守ってきた宏池会を割って出ることは忍びないという思いと、力でもって領袖の座を奪い取ることへのためらいである。かといって、若手を見殺しにすることもできない。

調停に入ったのが、幹部と若手をつなぐ立場にあった鈴木善幸であった。鈴木は前尾に決意を促す一方、血気にはやる若手の説得にあたった。池田から病床で告げられた「宏池会は保守党のバックボーンにふさわしい政治行動をしてくれ。オレに万一のことがあった時は、前尾君を中心として、大平、鈴木君は前尾君を助けてやって行ってくれ」との遺言を伝え、次のように諭した。「大平君を生かすも殺すも、われわれ宏池会の同志がいかに彼をもりたてて行くかではないか（中略）大平君を鹿児島の城山で討ち死にした西郷さんにしてはいけない」と（『人と思想』）。

鈴木は、二人の説得にあたり、翌一九七一年三月半ばには会長交代の合意を取りつけた。吉田時代を知る者は少数となり、一九六〇年以降に議員となった者が多数を占め、議員の世代交代が進んでいた（六七年一四名で約三分の一、六九年一八名で四割を超えた）。前尾に近い黒金泰美、宮沢喜一、小山長規《こやまおさのり》、小平久雄らは、大平とは微妙に距離をおきはじめたが、宮沢を除く三名は、一九七六年総選挙で落選した。大平は言う。

　この交替劇は、前尾さんが進んで目論んだものでもないが、私の仕組んだものでもなかった。その頃、前尾さんの健康がすぐれないことに加えて、佐藤さんの二回目の総裁選出馬に挑戦した前尾さんが、その三〔四〕選に挑まなかったことから、宏池会内に若手を中心に不満が表面化した。私は前尾さんが引き続き宏池会の面倒をみられるのであれば、それを拒む積りはなかった。しかしそれに不満な若手が、どうしても前尾さんと袂《たもと》をわかつというのであれば、好むところではないが、その人たちを見殺しにすることはできないと考えた。（中略）前尾さんの選択を求めた。前尾さんは結局、私に宏池会を委ねる道を選ばれ、私はそれを引受けることにした。（中略）前尾さんの私に対する態度は、その後、心なしか硬ったものになっていったし、宏池会もしっくりした団結を示すには至らなかった。

（『私の履歴書』）

この頃、大平は「新権力論」（一九七三年三月九日）というエッセイを発表している。

　権力というものを考える場合にも、権力自体の構造や機能を掘り下げるだけではなくて、それを必要とするより高次のものを予定しておるものだという消息を心得てかかる必要があるように思われる。権力というものがそれ自体孤立してあるものではなく、権力が奉仕する何かの目的がなければならないはずだ。権力はそれが奉仕する目的に必要な限りその存在が許されるものであり、その目的に必要な限度において許される。

大平は、権力の行使に対しては控え目であれと説く。そして、その目的は、積極的にわれわれに生きがいをもたらすものでなければならない。したがって、権力は自らのイデオロギーに同調と理解を求めるより、こういうイデオロギーに無関心な層をいかに自らの存在に有益、少なくとも無害にする工夫を通じて、自らの基礎を固めることを考えなければならないと言う。

［権力は］人の意識に上らない状態こそが政治の理想とされてきた。（中略）しかし世界史の運命がけわしくなってくると、か弱い寄る辺なき人間がその奔流に流されることを黙視するわけには行くまい。（中略）そのためにはあらゆる術策を用意しなければならないのは已むを得ないことである。しかし権力の本体は、そういう術策にあるのではなく、権力者自体の在り方にあるのだということだけは銘記すべきであろう。（『資料編』）

こうした発言は、宏池会の内紛後の自らへの戒めであり、励ましであった。

一九七一年四月一七日、前尾から大平への会長交代が実現した。時まさに佐藤政権末期、「三角大福」――伊藤昌哉いうところの「自民党戦国史」がはじまろうとしていた。

「田園都市国家構想」

宏池会の会長に就任した大平は、派の統一と団結、合わせて「佐藤後」の総裁争いへの出場権を得るという二つの課題を背負っていた。まず派内融和のために、党内工作に当たる参謀格に、鈴木善幸のほか小山、小川を据え、宏池会総会議長に福永健司、政策委員長に大久保武雄《たけお》、組織委員長に佐々木秀世《ひでよ》と、彼と距離のあった古手を配した。

同時に大平は、総裁選挙への準備に着手し、「政策委員会」を発足させた。委員会には彼自身も参加し、毎週三回以上開かれ長時間の議論を重ねた。この成果は「田園都市国家の建設」という提言にまとめられ、一九七一年九月の宏池会議員研修会で披露された。

この「田園都市国家構想」について、のちに大平は次のように説明している。

当時、経済の高度成長と人口や産業の都市集中の結果、国土の三％の土地に全人口の半分が住むことになりました。そして過密過疎、大気汚染、水質汚濁等による環境の破壊と公害が進行しておりました。一方、核家族化や各種の人間疎外現象は、社会の各層に深刻な世代間の断絶と相克を生む気配が出ておりました。こうした傾向を放置するならば、やがては国民的な連帯感の弱化につながり、社会秩序の基盤を掘り崩しかねない。そうした危機を克服するためには、産業や人口の都市集中型の国土構造や社会構造を改め、地方分散型のバランスの取れた構造に切り替えることが大切であると考えたからです。

すなわち、都市と農村を対立するもの、あるいは別個のものとしてとらえるのではなく、これを一体としてとらえる。そこに出てくる構想が田園都市というもので、その中心に位する都市は、周辺全体の居住者に就業の機会をあたえ、医療や教育などのサービスを提供する。一方、農村はその都市を緑でかこみ、新鮮な生鮮食料品を供給する基地となる。その大きさは、一人の市長の管理能力の限界や住民相互の温かい交流を考えると、人口にして二十万程度、多くとも三十万程度とする。そういう形の田園都市を全国各地につくっていこうというのが、「田園都市国家論」の基本的な考え方でした。そうすることによって初めて、全国各地に個性的で、ゆとりを持ち、心のふれ合う落ち着いた重厚な社会が出来上がるのではないか、そういう期待が、この構想にはこめられていました。

（「ふるさとにかける夢」一九七八年一月三日、『在素知贅』）

構想はもともと高度経済成長の持続を前提としたものであり、この点で田中の「列島改造論」と共通する部分もあるが、その特色は五つにまとめることができる。

第一に、佐藤政権による「社会開発」の理念を引き継ぎながら、ソフト面に力を入れた「自然と調和したバランスのとれた人間社会」をめざしたこと。第二に、都市と農村の関係を相互に補完し合い調和すべきものとして、総合的にとらえなおそうとしたこと。第三に、地域の個性を生かし、自主性を尊重する、その意味で「地方の時代」に呼応させようとした。第四に、物質的な豊かさよりも精神的にゆとりある安定した生活を求める、「量から質へ」の転換という命題に応えようとした。第五に、かつての農村社会のぬくもりを想起したもので、「人間と国土との関係に思想的なもの」(『戦後国土計画への証言』)を注入しようとした。ここから、徹底的な地方開発を求めた田中角栄との違いがわかるだろう。いずれにせよ、野心に満ちたものであった。

この構想の一部は、一九七七年に策定された第三次全国総合開発計画(三全総)の「定住圏構想」に生かされたが、それは大平が嫌った「国土開発構想」の文脈に絡めとられたことを意味した。

以後も、大平は政策委員会を通じて、「経済の軌道修正と財政の役割」「緊急財政対策臨時措置法」、一九七二年に入り「平和国家の行動原則」「教育と社会保障の新しい方向」と提言を発し攻勢に転じた。外政面でも、動揺しつつある国際秩序の維持者として、人類生存のために、発想を「量から質へ、ハードからソフトへと転換しなければならない。すなわち、パワー・ポリティックスの論理をこえた新しいビジョンとシステム」を組み立て、克服する必要があると説いた（「平和国家の行動原則」『資料編』）。
大平政治の骨格は、宏池会内でのこれら一連の政策提言によって示された。

反佐藤宣言

一九七一年参議院選挙後の内閣改造人事が、宏池会会長としての大平の最初の仕事となった。

佐藤内閣期、閣僚は派閥の議員数に応じて割り当てられるようになっていたが、自派の誰を送り込むかは、領袖の重要な仕事であった。大平は、あと一人は「大平系」という含みをもたせて、前尾と彼に近い丹羽喬四郎《にわきょうしろう》の入閣を申し入れた。しかし七月五日の組閣では、法相に前尾、運輸相に丹羽の入閣が了承されたものの、もう一人は「大平系」ではなく、前尾系の高見《たかみ》三郎が文相に選ばれた。

一方でこの直後の七月一五日、ニクソン大統領が一九七二年五月までに訪中すると発表したことは、日本政府への通告が発表のわずか三分前だったことと相まって、佐藤に深刻な打撃を与えた。これまで対中政策でアメリカと共同歩調をとっていた佐藤には、裏切られたとの思いが残った。

アメリカの中国接近は、国連における中国代表権問題をクローズアップすることになった。アメリカはここで、日本に「二つの中国」を意味する複合二重代表制と、台湾の追放について総会の三分の二以上の賛成を必要とするという「逆重要事項指定」の共同提案国になることを求めてきた。日本はアメリカの真意を測りかねた。それでも、佐藤は、アメリカと共同歩調をとることを決めた。この佐藤政権の態度に、野党はもちろん、自民党内からも三木派や中曽根派から強い反発が起こった。

大平派の去就が注目された。大平はポスト佐藤を見すえて、中国問題に対しルビコンの河を渡ることを決意する。

私は、一九六三年[四]の国会において、「北京が世界の祝福を受けて国連に迎えられるようになれば、日本としても北京との国交の正常化をはかるべきである」との趣旨の発言をした。

国連における中国代表権問題の審議は、その後も引き続き行われてきたが、昨秋以来、国連の大勢は、北京に中国の代表権を認める方向に急速に傾斜してきた。また北京と外交関係を持つ国も、その後続々増えてきたばかりか、わが国の世論もその方向に大きく動いてきた。

私は、政府がこの情勢を正しく評価し、いわゆる中国問題に決着をつける時期がいよいよ熟してきたと判断する。したがって、政府は、日中友好の精神と原則を踏まえて、なるべく速やかに、北京との間に政府間の接触を開始することが、内外の世論に忠実なゆえんであると信ずる。またその最終的決着を見るまでの間においても、国連において逆重要事項指定方式を支持するがごとき、世論の大勢に逆行するような仕草は、これを慎むよう政府に要望するものである。

（「日本の新世紀の開幕」一九七一年九月一日、『資料編』）

大平は前年に中国との関係について、「かつて先輩がやったような中国の運命の形成に日本も参加するというような行過ぎをやっちゃあならないということです（語気強く）。中国という偉大な民族の英知を信頼してね。ちゃんと礼儀正しいつきあいを通じて、平和共存を守っていく。表向きの国交がどうのこうのいう前に、信頼感が根本になく」ては、と釘をさしている（「政権・転換期の主目標」一九七〇年六月、『在素知贅』）。

大平が日中国交回復を説き、国連代表権問題でも「逆重要事項指定決議案」そのものに反対することを提唱するや、メディアは大平の「反佐藤宣言」（『朝日新聞』一九七一年九月二日）と報じた。それは同時に、田中角栄と二人三脚を組み、福田赳夫包囲網を形成する狼煙《のろし》でもあった。

派閥の再編

一九七二年、自民党派閥地図は大きく変容を遂げつつあった。

自民党派閥の系譜

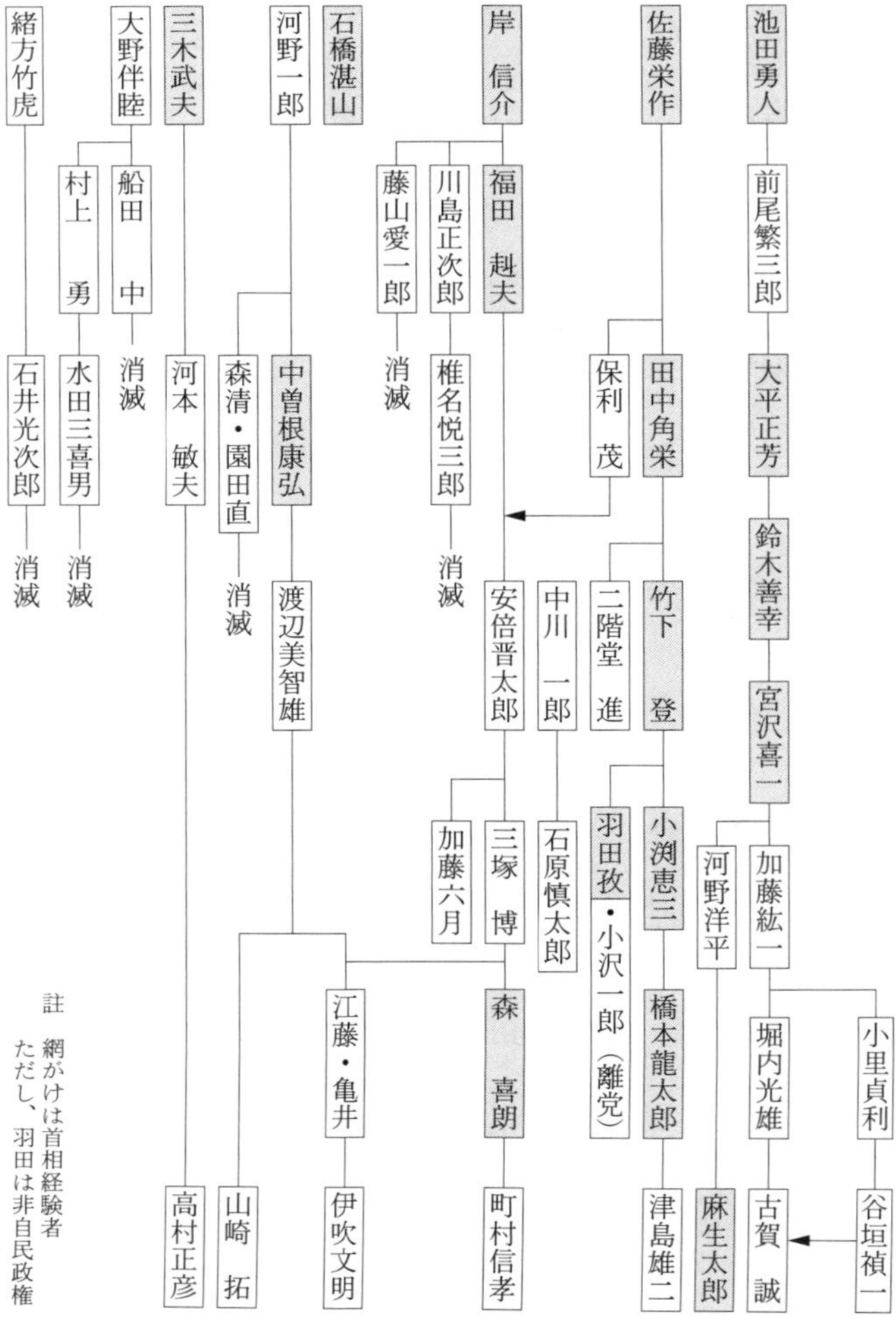

註　網がけは首相経験者
ただし、羽田は非自民政権

自民党草創の頃「八個師団」と称された岸派、池田派、佐藤派、大野派、河野派、三木派、石井派、石橋派のうち、石橋派はすでに姿を消し、入れ代わったかたちの藤山派も一九六五年前後に消滅した。石井派も次第にやせ細り、大野派も船田《ふなだ》（中《なか》）派と村上（勇《いさむ》）派に二分し、やがて解体していった。残る五つのうち、派閥創始者としては三木だけが健在で、岸派は福田と川島正次郎に、池田派は前尾を経て大平に、そして河野派は中曽根に、とそれぞれバトンタッチされた。

こうしたなか、川島と謀り佐藤四選を果たした田中角栄は、豊富な政治資金と並外れた人心収攬《しゅうらん》能力で、佐藤派内で地歩を固め、同派を乗っ取るかたちで一九七二年六月田中派を立ち上げた。「八個師団」は三木、田中、大平、福田、中曽根の「五大派閥」に収斂《しゅうれん》していき、これ以外には、わずかに岸－川島の系譜を継いだ椎名悦三郎と、福田と田中の緩衝役を務めるようになる旧佐藤派の保利茂が、派の領袖として政治を動かす影響力を保っただけであった。

後述のように、一九七〇年代に入り議会分野における与野党伯仲時代を迎えると、自民党は、総理総裁の座をめぐって分裂を志向する遠心的な力と、統一を保とうとする求心的な力がたえず働くなか、混迷の度を深めていった。

2　田中政権の成立──盟友と外交

大平と田中角栄

田中角栄は一九一八（大正七）年、新潟県の寒村（刈羽《かりわ》郡二田《ふただ》村、現柏崎《かしわざき》市）の貧しい農家に生まれた。家庭の事情で上級の学校に進学することができず、高等小学校を出てすぐに上京。夜間の工業専門学校に通った。さまざまな職業を転々としながら、一九歳のときに独立し、設計事務所を開いた。やがて理化学研究所の大河内《おおこうち》正敏《まさとし》の知遇を得て、一九四三年田中土建工業を設立し、二五歳の若さで社長となった。戦後一九四七年総選挙に立候補し、初当選を果たした。このため、年齢は大平のほうが八歳年長であるが、政治家としては田中のほうが二期先輩となる。

田中は、鳩山後継を争った頃から、佐藤の手足となって働くようになり、岸内閣では三九歳の若さで郵政大臣の座を射止めた。以後池田・佐藤両政権で、政調会長、蔵相、幹事長、通産相などを務め、着々と力をつけていった。池田政権期には派内の反池田勢力を押さえ、池田後継に際して大平と図りつつ、佐藤への禅譲を画した。この間、ガソリン税など数々の議員立法を成し遂げていった。

田中角栄

大平と田中角栄との仲はよく知られている。田中によると、大平とは彼が経済安定本部に出向した一九四八年頃から面識があったという。また初当選を果たした大平と田中は議員会館でたまたま部屋が隣となり、親しく行き交うようになった。しかも、それぞれが属した池田派と佐藤派はもともと、吉田派の流れをくむ兄弟派閥であった。また田中は義理の娘を池田の甥《おい》に嫁がせたという関係もあって、池田にも目をかけられていた。

二人の関係について、大平は「ぼくたちの関係は便宜主義的友情ではない。政治家をやめても続くもの」と語り、対して田中は「キミとオレは前世でたぶんカネを貸したか、借りたか、とにかく因縁があるのだろう」(『素顔の宰相』)と、彼らしい表現で説明している。

大平はまた、田中について「珍しい天才ではないでしょうか。着想力もあるし、同時にそれを現実の世界と結びつける特異の才能をもった人」(『在素知贅』)と評した。対して田中は、大平の選挙応援でよく「大平君はやがて国を代表する国家有為の人材となるであろう。彼が総理大臣になったら私は官房長官として彼を補佐する」(同前)としばしば口にした。

現実には、それは単なるリップ・サービスに終わり、田中は「[大平は]幹事長と大蔵大臣の二つのポストをまだ経験していない。総理の職を担うには、この二つのポストをやっておかないと、やりづらいことも多かろう。だからこの際、すでに二つのポストを経験している俺が、まず総理になる。その代わり俺がやった後は、必ず大平くんに総理をしてもらう」（『去華就實』）として譲らなかった。

一九七二年総裁選

一九七二年七月五日の自民党総裁選挙には、田中角栄、福田赳夫、大平正芳、三木武夫の四人が立った。前年のキッシンジャー大統領補佐官の訪中からはじまった米中和解を受けて、日中関係の解決が争点だった。大平が従来の慎重な姿勢を捨て、国交回復に向けて積極的に舵をとろうとしたことはすでに述べた。三木の場合、早くから日中国交正常化への積極的姿勢を示していた。意外なことに、田中は最後まで日中国交回復に口が重かった。彼が日中国交回復に踏み出したのは総裁選直前であり、このことにより、三木派・大平派も加えた三派による「福田包囲網」が形成された。

他方、福田は「日米安全保障条約を基軸とする日米友好関係を堅持しつつ、日中国交正常化と日ソ平和条約の締結に取り組む」と、岸派以来の親台湾派の議員を多く抱え、慎重な姿勢であった。

もう一つ、内外ともに転換期を迎えたこの国のあり方をめぐる、それぞれの認識の仕方と作法も問われた。最も注目を浴びたのは田中角栄であった。彼は「決断と実行」をスローガンに、よく知られているように「日本列島改造論」を携えて、過密過疎の同時解消を主張した。そのほか、住宅減税、老人医療費の無料化、週休二日制、新時代を開く教育への投資などの必要を説いた。

三木は、権力主義的・官僚主義的政治を排し、経済成長主義から国民福祉重視への転換を図るとした。政治資金規正法の改正、土地政策、教育の健全化を言う。

福田は、激動の時代を迎え、政治への幅広い国民参加のもと、「心の豊かさと人間としての生きがい」を重く見る政策への転換を図る。そのために、環境対策・老人対策に力を入れるとともに、教育改革の必要性を唱えた。

そして、大平は「戦後の総決算」を標榜《ひょうぼう》し、経済成長政策が生み出した物質的な豊かさを追い求める政治から、自然と調和した精神的にゆとりのある生活が望まれているとし、成長第一主義を捨て、次の四つの政策を掲げた。すなわち、(1)政治不信の解消、(2)人間的連帯の回復、(3)自主平和外交の精力的展開、(4)田園都市国家の建設である。

田中の圧勝

選挙は「角福戦争」と呼ばれたように事実上、田中と福田の一騎打ちとなった。佐藤の意中の人は福田であったが、田中との調整を行う余力は残っていなかった。

福田は東京帝国大学卒のエリート官僚出身であり、岸との関係からタカ派イメージが強く、成長（拡大）よりも均衡財政を重視するその手堅さも、彼に「佐藤亜流」として地味なイメージを与えていた。対して、同じく佐藤を支えた田中は学歴もない庶民出身の稀有な政治家として、得意の弁舌を駆使して、官僚を使い仕事をこなしていく、派手で新鮮なイメージを醸し出していた。

田中・大平の基本戦略は、まず両派の結束を固め、それに三木派、中曽根派、中間派の協力を得て、「反福田戦線」の結集を図ることにあった。いずれが総裁になるかについては、第一回投票で上位になったものに協力するということであったが、大平の劣勢は明らかであった。大平派は、まず前回前尾が獲得した九五票に上乗せし、できれば一〇〇票以上とって、三ケタの大台にのせることを目標とした。去就が注目されていた中曽根が「不出馬、田中支持」を表明したことは、田中の優位を決定づけた。澎湃《ほうはい》として沸きおこった日中国交正常化の声は、福田に不利に働いた。

第一回投票では、田中一五六、福田一五〇、大平一〇一、三木六九、決選投票では田中二八二、福田一九〇であった。田中は福田に圧勝し、大平も一〇一票を獲得、三位に食い込んだ。田中派から票がまわったとの噂があるが、実際福田と死闘を展開していた田中にそのような余裕があったかどうか疑わしい。むしろ、中間派および中曽根派への働きかけに成功し、三木を抜いて三位に滑り込んだと思われる。

一九七二年七月七日、田中内閣が成立した。田中は党三役に、幹事長橋本登美三郎（田中派）、総務会長鈴木善幸（大平派）、政調会長桜内義雄《さくらうちよしお》（中曽根派）を配した。大平は外相に就任し、田中とともに日中国交回復に取り組むことになった。だが、大平派内では、大平は幹事長に就任すべきだという声が圧倒的で、外務大臣への就任を支持するものが誰一人おらず、この論争が三日三晩続いた。この間、大平正芳は一言も発しなかった。田中と大平の間では、早くから「内政は田中、外交は大平」（『人と思想』）との申し合わせがなされていたという。

その他三木が副総理含みの無任所相、中曽根が通産相と、四派のリーダーを閣内に取り込んだ。福田派は郵政相に三池信《みいけまこと》、経済企画庁長官に有田喜一《ありたきいち》の「伴食《ばんしょく》大臣」ポスト二つを得ただけであった。

日中国交回復と大平

田中は七月七日の組閣当日、早くも「中華人民共和国との国交正常化を急ぎ、激動する世界情勢の中にあって、平和外交を強力に推進する」との首相談話を発表し、そのスローガンにふさわしく「決断と実行」を示した。大平も、「日中国交正常化に決意をもって当たる」と記者会見で語った。しかし、実際のところ、田中は決心はしていたが、それをいつ実行に移すかについては決断しかねていた。失敗すればもちろん内閣退陣である。その後押しをしたのが、大平である。

組閣の夜、田中と大平は外務省の橋本恕《ひろし》中国課長を呼び、日中国交正常化をやるつもりであると告げた。このときの大平の印象について、橋本は「大平さんは、中国に対する一つの深い贖罪感のようなものをもっていたのではないか」（『田中政権・八八六日』）と伝えている。大平と比べると、田中の中国に対する態度は「はるかにドライだった」。また別の場所で、田中はあっけらかんと「中国大陸には人間と砂しかないんだよ」と口を叩《たた》いた。ちなみに、親台湾派と目された保利茂は、「日本人ならば、十億の人間がいる隣の国と、今のままでいいと思っている者は、一人もおらんですたい」（同前）と言ったきり、プイと顔を背けたという。

中国側の反応は素早かった。七月九日、周恩来首相が田中談話を歓迎する声明で応じ、孫《そん》平化《へいか》（中日友好協会副秘書長）を上海舞劇団の団長として派遣した。社会、民社、公明の野党も、国交正常化に積極的な姿勢を示した。

風は北京に向けて吹きはじめていた。ただ表面的には、大平は慎重な姿勢を崩さなかった。確信の持てない問題がいくつか残されていたからである。

第一に、中国は日米安保条約の存続を前提として果たして国交正常化に応じるか。第二に、国交正常化後も台湾との間で経済的・文化的関係を維持していくことができるか。第三に、日華平和条約（中華民国との平和条約。一九五二年四月調印）がその締結時にさかのぼって無効とされるのではなく、将来に向かってのみ効力を失うとする措置に中国側が同意するか。

最後に膨大な額に上ると思われる対日賠償請求を中国側が放棄するか。他にも党内の親台湾派および慎重派議員をいかに説得するか、アメリカの反応はどうか探る必要があった。

他方で、大平は準備を怠ることはなかった。連夜、親しかった古井喜實を招き勉強を重ねた。古井も大平に日中復交の偉業を実現させたいと考え、一九七一年三月には世界卓球選手権で中国チームを率いて来日中だった王暁雲との会談をとりもつなど協力を惜しまなかった。外務省では、橋本を指南役とし、省内に中国問題対策協議会を設置して、問題の検討にあたった。一九七二年七月二〇日には、社会党の佐々木更三《こうぞう》と会い、「日中でいざという時は頼みにいくからその際はよろしく」（『森田日記』一九七二年七月二〇日）と依頼した。

八月三日、大平は日中国交正常化幹事会の席上で、「中華人民共和国と国交正常化が実現したあかつきには、台湾との外交関係はあり得ない」と、思い切った発言を行い、賀屋興宣ら親台湾派から激しい反発を買う一幕もあった。同日に開かれた、藤山愛一郎（元外相）日中国交回復促進議員連盟会長主催の孫・肖《しょう》（向前《こうぜん》）両氏歓迎会に大平は出席し、両代表と握手を交わした際、小さな声で「また、そのうち会いましょう」と囁いたという。

八月四日、訪中して周恩来と会談し帰国したばかりの、公明党の竹入義勝委員長が、いわゆる「竹入メモ」を携えて、首相官邸にやってきた。メモは八項目にわたり、日米安保条約の存在や尖閣列島の領土問題が国交正常化の妨げにならないこと、日本の侵略に対する賠償請求権は、将来の日中友好を考えて放棄するつもりであること、日中間の平和条約の締結問題については、日本が台湾と日華条約を結んでいるといういきさつもあり、新しい平和友好条約といったものにしたらどうか、そして田中訪中に際し、日中両国は共同声明または共同宣言を出したいなど、日本側の懸念を振り払うものだった。

田中と大平は、「極秘事項として大臣限りの扱いとする」こととし、大平はメモをポケットに入れた（『森田日記』一九七二年八月四日）。メモは、大平の手を経て橋本に渡され、外務省内の討議に供された。

米国・台湾との交渉

北京に赴く前に、大平には片づけておかなければならない宿題が二つあった。アメリカと台湾の了解を取りつけることである。

八月三一日、田中とニクソンのトップ会談がハワイで行われた。田中は日米安保条約の堅持をアメリカに約束するとともに、日中国交の正常化に向けて近く交渉に入る意向であることを伝えた。アメリカ政府内では、日中接近について積極的賛成と理解にとどめるという消極的賛成に割れていたが、田中を止める理由はなかった。会談後出された共同声明は、田中訪中を「アジアにおける緊張緩和の傾向の促進に資することになる」と謳った。大平は、会談で示された日米安保堅持の方針に、中国が何の反応も示さなかったことに安堵した。日中関係は日米関係であるといわれたが、米中接近は日中接近を容易にした。一方で、このときの共同声明で、日米貿易不均衡問題に関し、日本政府が不均衡をより是正する措置をとることを約束させられたことは、一九七〇年代の日米関係のもう一つの課題をうきぼりにするものであった。

残るは台湾との交渉である。日中正常化とはまた、「日台断交」にほかならない。気の重い、損な役回りを引き受けたのが、副総裁就任まもない親台湾派の椎名悦三郎であった。訪台に先立って、椎名は大平に、「台湾と絶縁するというやり方でなく、正常化をする方法はないか」と尋ねた。大平からの答えは、「片方を選択すれば片方は断念せざるをえません。朝鮮半島でもドイツでもヴェトナムでも、分裂国家との付合いはそれしかありません」というつれないものであった。大平の心中は、「日中交渉のポイントが台湾の扱いであることは明白であり、台湾との実務的関係をいかにして守るかをいま何か言えば、日中正常化はできなくなってしまう。だから、そのへんは察してほしい」(『人と思想』)というものであったろう。この一件は、その後の大平と椎名の関係に微妙な影を落とすことになった。

九月一七日台湾を訪れた椎名を待っていたのは、軍による栄誉礼も礼砲もなく、空港出口を数百人のデモ隊が取り囲むという厳しい出迎えであった。

訪中と正常化交渉

九月二五日、大平は田中首相とともに北京に旅立った。田中は「細かいことは知らん」と、交渉を一切大平に任せてタッチしなかった。

第一回の日中会談は、北京の人民大会堂で行われた。日本側から田中、大平、二階堂進《にかいどうすすむ》官房長官、橋本外務省中国課長が、中国側から周恩来首相、姫鵬飛《きほうひ》外交部長（外相）、廖承志外交部顧問が出席した。交渉の早い段階から、日米安保と賠償問題は、中国側が放棄したので片づいた。

しかし、二日目の二六日に入り、日華条約の取り扱いをめぐり交渉は難航した。日本側の、いったん有効に成立したが日中国交正常化により効力を失うとの主張に対し、中国側は、条約を結ぶ能力のない台湾との間の取り決めだから最初から無効だと反論し、真っ向から対立したからである。説明役の高島益郎《ますお》条約局長を、周恩来が「法匪《ほうひ》」と罵倒《ばとう》する一幕もあった（もっとも、のちに周は「中国でも、高島局長のような人物が欲しい」としみじみ告白したと伝えられている）。また周は、前夜の歓迎夕食会で田中がスピーチで使った謝罪の言葉「麻煩《マーファン》」について、「道端でうっかり女性のスカートに水をかけた、その程度の非を詫びることでしかない」と強い不快感を示した。

会談が行き詰まり、引き揚げてきた日本側を疲労感と困惑が覆った。このとき、大平が田中に「おい、どうする……これじゃ帰れんな」と話しかけた。田中は笑いながら「やっぱり大学出は駄目だな」と言った。「そしたらどうすればいいんだ」と大平が問い返すと、田中は「それは大学出が考えなくっちゃあ」と返した。田中は「ここまで来てそれほど譲歩する必要はない。よくよくダメならば帰ればいい。観光に来たと思えばいいさ。あとのことは俺が責任をもつ。もう一ぺんねばってくれ」(『安保―迷走する革新』)と大平を励ましたという。

翌二七日も交渉は続いた。決着は、大平の発案といわれる「両国間にこれまで存在していた不正常な状態に終止符を打つ」という表現によってつけられた。また台湾の領有権問題については共同声明に、「台湾は中国の一省」という中国側の主張を盛り、日本側は「中国の立場を十分理解、尊重する」との意向を表現することで落着した。日台間の経済、文化など実務関係を民間レベルで継続していくことは、共同声明では一切触れず、中国側が暗に認めるとの意向を示した。

この夜、田中と大平は毛沢東主席と会うことになった。その折に毛沢東が「もうケンカは済みましたか」と言ったことは、交渉がおおむねまとまったというサインにほかならなかった。ただ一点、日台間の外交関係をいつどのような方法で断絶するのかが、最後まで残る問題であったが、大平の「私に任せて欲しい」という言葉に中国側はうなずいた。二九日大平は外相談話で、「日中国交正常化の結果、日華平和条約は存続の意義を失い、終了したものと認められる」と言明し、信頼に応えた。

中国にいる間、首相の出番は大平が相談を持ちかけたとき一度だけだった。だが、日本に帰国してからは田中の独壇場だった。ただちに両院議員総会を開き、明快に交渉の説明をして皆を納得させた。

大平が、台湾との国交断絶という思い切った挙に出てまで、日中国交回復を事実上自己の責任で成し遂げたことは、彼をして政治指導者として大きな飛躍を遂げさせた。しかし、大平も自覚していたように、日中問題は「日日問題」、すなわち自民党内の親台湾派との抗争をいかにくぐりぬけるかにあった。中国問題は以後、一九七〇年代を通じて自民党内部の抗争の決定要因の一つとなる。一九七三〜七四年の日中航空交渉のときに、大平はそのことを痛いほど思いしらされた。

毛沢東（左）と握手する大平（1972年9月27日）　中央は田中角栄

田中の「独断と暴走」

田中は日中国交正常化という成果と、「今太閤《いまたいこう》」人気と「列島改造論」を背景として、同年一一月自信満々に衆議院を解散し、一気に勝利を収めようとした。

しかし、一二月一〇日に行われた選挙の結果は予想に反し、自民党の敗北に終わった。自民党は前回より一七議席も少ない二七一議席を得たに過ぎず、逆に共産党が二四議席増の三八、社会党も前回失った議席の約半分を取り戻し一一八を得た。特に、都市部での自民党の落ち込みが激しかった。公明と民社はそれぞれ二九、一九と後退した。野党勢力が強化され、田中の最初の挫折となった。

一九七三年一月からはじまった通常国会で、田中は一九七三年度予算で前年比二四・六％増の超大型予算を組み、巻き返しを図った。その結果、列島改造予算として公共事業費だけで三二％増、社会保障費も二九％増となった。後者には、老人医療費の無料化、健保改正による家族給付引き上げ、厚生年金引き上げなどが含まれていた。この一九七三年を「福祉元年」とし、支持率の低下と選挙の不振を背景に、再分配政策が採られたのである。

三月に入り、田中は突然小選挙区制法案をもって走りだした。それは総選挙敗北から退勢挽回《ばんかい》を図った田中の起死回生策であった。だが野党の反対に加え、自民党内でも慎重論が多数を占め、結局公職選挙法改正案の国会提出は見送りとなった。それは田中自身の「決断と実行」をもじって、「独断と暴走」と評された。

七月末、大平は田中首相とともに、日米首脳会談のためにアメリカを訪問した。日本側が一〇月に予定される日ソ首脳会談を視野に置いていたことは、田中が会談後の記者会見で「領土問題に触れなければ訪ソの意味はない」という発言に表れている。他方で、訪ソは日中和解に神経を尖《とが》らせるソ連との対話が目的でもあった。しかし、それ以上にこの日米会談においてメイン・テーマとなったのは経済問題であった。さらに、いわゆる「キッシンジャー構想（新大西洋憲章）」（エネルギー危機を前に、西側体制をアメリカを中心に再構築しようというもの）を提案するなど、アメリカは深刻化する経済摩擦問題に強い関心を示した。

金大中事件——大平外交の〝影〟

田中・大平が訪米の旅を終えて帰国した二日後の八月八日午後、韓国の政治家金大中《キム・デジュン》（のちの韓国大統領）が、東京九段のホテル・グランドパレスから白昼堂々と韓国人らしい男たちに拉致《らち》されるという事件が起こった。金大中事件である。このとき大平は軽井沢で休養中だったが、第一報を聞いて、これが日本の主権侵害に絡む、深刻な問題であると直感した。外務省からの問い合わせに対し、在日韓国大使館は「韓国政府はこの事件と無関係であり、金大中氏の身の安全を図って欲しい」との回答を寄せていた。

行方のわからなかった金大中は、事件発生から五日後の八月一三日、目隠しをされたままの姿でソウルの自宅に姿を現した。このとき、金は「会食のあと、廊下で六、七人に取り囲まれ、麻酔薬をかがされた。エレヴェーターに乗せられたうえで、自動車で大阪らしいところへ運ばれ、その後、かなり大きな船で韓国に連れてこられた」と語った。後日、金が「船上に連れ込まれた時、足に重りを付けられた」（『朝日新聞』一九七三年八月一四日夕刊）と証言したが、明らかに金の拉致は抹消することを目的としていた。

金大中が日本の警察の厳重な警戒網をかいくぐってソウルに連れ去られたことは、日本政府に衝撃を与えた。八月一四日の記者会見で、大平は「真相が分からないうちは下手にものは言えない。事件の事実関係を究明することがわれわれの第一の任務である」(『外交記者日記―大平外交の二年(中)』)と答えるしかなかった。しかし、内心は不愉快な感じに襲われていたらしく、身近なものには「他人の家にヌーッと何者かが入ってきたような感じがする」(『人と思想』)と漏らしていた。翌一五日、アメリカ国務省が、金大中の誘拐を非難するとともに、KCIA(韓国中央情報部)の活動に言及した。

他方で大平は、高橋幹夫《みきお》警察庁長官と極秘に協議を重ね、事態の究明に努めた。九月二日、警視庁特捜部は、事件現場に在日韓国大使館の一等書記官金 東雲《キム・ドンウン》(本名金 炳賛《キム・ビョンチャン》)の指紋を発見したと発表した。大平は、日韓両国に暗い過去はあるが、「お互いに対等の独立国であるから、永い友好関係を考えると、鋭意、公正な解決を図るよう努力しなければならない」(『外交記者日記(中)』)と沈痛な面持ちで語った。日本政府は事件の真相究明のために、金大中の来日を韓国政府に要求したが、韓国側はにべもなく拒否した。外務省は重ねて「これまで一貫して慎重な態度を守ってきた大平外相の国内政治上の地位まで影響を及ぼす危険」があると、配慮を求めた(以下の叙述は『金大中事件の政治決着』による)。

九月二七日には、岸信介ら親韓派議員たちが訪韓し、朴正熙韓国大統領と会談した。その後の記者会見で、岸は「[金大中事件を]つまらない事件」と言い放った。帰国後、岸は田中を訪ね、事件と日韓閣僚会議は別であると具申した。

事件が一応の政治的決着をみたのは、拉致事件発生から約三ヵ月後の一九七三年一一月のことである。帰国後、軟禁状態にあった金大中の自由が回復されたのち、同一日金《キム・ヨンシク》溶植外相が記者会見を行い、金東雲書記官の単独犯行として更迭するとともに、金鍾泌《キム・ジョンピル》首相が訪日すると発表した。

これを受けて大平外相は、「チリ一つ残さないまで解決したとは言えぬが、精一杯努力した結果なので国民の諒承をえたい」(『外交記者の日記(中)』)と述べたが、彼自身がこの解決に納得していたかどうかは明らかではない。実際、大平は必ずしも満足しておらず、身近なものたちに対し「致し方ない」と呟いていた。また、あるとき衆議院外務委員だった社会党の河上民雄《かわかみたみお》に問われて、「世の中民主主義の優等生ばかりではない」(河上民雄証言)と答えたという。さらにのちのことになるが、一九七五年九月再開された経済協力のための日韓定期閣僚会議に、大平が欠席したことは、彼なりの不満の表明であったかもしれない。

解決の内実

一九七三年九月二日来日した金首相は田中首相、大平外相と会談、朴正熙大統領からの親書を手渡した。近年公開された韓国外務部文書は、この政治的決着の様子を具《つぶさ》に伝えている。

会談の冒頭、田中はまず四つの確認を行った。

(1)金大中事件の捜査は日韓両国が協力して継続しなければならない。

(2)捜査の中間報告を含め、捜査の進展状況を日本側に報《しら》せてくれなければならない。

（3）捜査の進展に従って金東雲の行為に公権力が介在したことが判明した場合には、新たに問題提起をするほかないので、この点を明らかにしておく。
（4）金東雲の捜査は彼の逮捕、起訴などを含むものと解釈する。

ここに挙げられた事項は、当然のことを言ったに過ぎない。しかし、金が「タテマエとして一応話しておいたということですか」と問い返し、田中が「タテマエ」であると即答したとき、その虚構は明らかとなった。

このとき、同席した大平は「昨日の韓国の発表は金東雲を法に従って処理するということでした。日本はそのように理解しています。金大中は出国を含め自由の体になっているものと理解します」と口をはさんだ。また「公権力が介入しなかったということで一段落させることにはしたのですが、今後万一公権力が介入していたという事実が出てきたときは日本としては韓国政府に対して新たに問題提起をせざるを得ないが、心配はありませんね」と念を押した。さらに「今後、在日韓国外交官の外交以外の行動を慎んでいただきたい」と注意を促した。

金大中は大平と接触を持つことはなかったが、事件の解決を彼に期待していた。大平が同じクリスチャンであることが理由の一つであったが、亡命中アメリカでハーヴァード大学教授のライシャワーから「日本の政治家のなかで最も信頼できるのは大平」と教えられ、彼から大平宛の紹介状をもらっていたからである。

だが、大平の発言内容は、田中のメモを反芻《はんすう》したに過ぎず、歯がゆい。文書から会談の雰囲気を知ることはできないが、大平は田中の「タテマエ」発言に驚き、牽制したのではないだろうか。いずれにしても腰が定まっていなかったことに違いなく、金大中の期待に応えることはできなかった。

この会談で、田中はまた「金大中は日本に来なければいい」とまで口にした。田中には終始、事件を国際慣例に基づいて解決する意思はなかった。言いかえると、田中はこの事件を「対韓基本政策を変更する性質の事件」と考えていなかったのである。

日中国交正常化、金大中拉致事件と難問山積で、慌ただしかった田中内閣の一年を振り返って、大平は次のように述べている。

この一年は自分にとって長い長い一年だった。一年前に就任した時に予想もしなかったことが、いま持ち上がっている。それは世界が全く不安定になってしまったことだ。（中略）たしかに世界は緊張緩和に向かっている。しかし、その半面、世界の通貨危機は深刻となり、日本はそのため、円の変動相場制を余儀なくされた。（中略）通貨危機ばかりではない。資源問題が急に表面化し、日本はその影響をもろにかぶることになった。資源問題はとくにそれまでの日本、これからの日本を見直さなければならない深刻な問題をはらんでいる。まず第一に、これまで日本は世界第三の経済大国と言われてきたが、資源問題が表面化すると、化けの皮がはがれて、世界でもっとも貧しい国の一つになってしまった。しかし、これは何も日本が悪いせいではない。世界がそのように変わってしまったからである。

(『外交記者日記―大平外交の二年(中)』)

一九七三年七月におけるこの証言は、回顧というよりも、通貨・資源問題に対する危機感にあふれている。資源問題に対する大平の警告は、それからわずか四ヵ月足らずで、現実の危機となる。

「日本列島改造論」の挫折

一九七三年一〇月の訪ソという外交日程を終えて、田中はいよいよ宿願である日本列島改造計画の実現に乗り出した。この考えが具体的に示された『日本列島改造論』は、一九七二年に上梓《じょうし》されベストセラーになっていたが、田中が佐藤政権期一時閑職にあったときに取り組んだ「都市政策大綱」をアレンジし直したものであった。『日本列島改造論』の序文で、田中は次のように力説している。

明治百年をひとつのフシ目にして、都市集中のメリットは、いま明らかにデメリットへ変わった。国民がいまなによりも求めているのは、過密と過疎の弊害の同時解消であり、美しく、住みよい国土で将来に不安なく、豊かに暮していけることである。そのためには都市集中の奔流を大胆に転換して、民族の活力と日本経済のたくましい余力を日本列島の全域に向けて展開することである。工業の全国的な再配置と知識集約化、全国新幹線と高速自動車道の建設、情報通信網のネットワークの形成などをテコにして、都市と農村、表日本と裏日本の格差は必ずなくすことができる。

「日本列島改造論」は、池田の所得倍増論の延長線上にある成長論であり、その前提として今後一〇年間これまで通りの高度成長が維持されると見込んでいた。その意味で、田中は成長政治の申し子であり、再び振り子をドル・ショック後の「安定」から「成長（拡大）」へと戻そうとしていた。

日本列島改造論はヒト、カネそしてモノの流れを、巨大都市から地方に逆流・分散させ、工業の再配置、新二五万都市の育成、これら諸都市を新幹線と高速道路網で結ぶことで、諸物価高騰にあえぐ都市住民、過疎化に蝕《むしば》まれている地方の「過密と過疎の弊害の同時解消」をめざそうというものであった。「一日生活圏、一日経済圏、一日交通圏」というキャッチ・フレーズに象徴されるように、それは日本全体を「一つの都市」に変えていこうとするものであった。

しかし、「日本列島改造論」が結果的にもたらしたのは、インフレの加速と地価の暴騰であった。それが具体的に明示した重点開発地域の指定、いわゆる「箇所付け」は土地への投機を過熱させた。ドル・ショックで停滞気味だった景気が回復の兆しをみせはじめ、貿易黒字が増大するなか、あまった金が土地売買に流れ込んだのである。

一九七三年度の全国市街地価格は三二％上昇し、地下鉄、生産者米価値上げの余波で、一般商品価格も上昇をはじめた。卸売物価は二二・六％、消費者物価は一六・一％の上昇となっている。完全なインフレである。超大型予算となった一九七三年度予算が、インフレにさらに拍車をかけた。

オイル・ショック

この年のオイル・ショックがこれに追い打ちをかけた。一〇月六日第四次中東戦争が勃発し、これをうけて同一七日石油輸出国機構（OPEC）加盟のペルシア湾岸産油六ヵ国は石油を政治的武器に、戦争をアラブ側に有利に導こうとした。原油公示価格の二一％引き上げと、原油生産の削減を行うとともに、イスラエル支援国への禁輸を決定した。さらに一二月に入ると、翌七四年一月より原油価格を二倍に引き上げると発表した。

石油価格の上昇は、エネルギーを中東の石油に依存してきた先進工業国の経済を脅かし、ニクソン・ショックから立ち直りかけていた日本の経済を直撃した。一九七四年国内の消費者物価指数は二三％上昇し、「狂乱物価」という言葉まで生まれた。インフレ抑制のため一九七三年中に五度にわたって公定歩合の引き上げが行われ、企業の設備投資なども抑制された結果、一九七四年はマイナス一・二%と戦後初めてのマイナス成長を経験し、物価の急騰は、全国で洗剤、トイレットペーパーなど消費財にまでおよんだ。かくして、改造論は時と所を得ず挫折したのである。

日本経済が混乱に陥るなか、一九七三年一一月、愛知揆一蔵相が過労からくる肺炎で急死した。田中は犬猿の仲ではあったが、経済・財政に最も精通している福田赳夫に蔵相就任を要請し、福田は「総需要抑制策」の採用を条件に引き受けた。福田は、「日本列島改造論は田中総理の個人的見解にすぎない」と切り捨て、引導を渡した。外交は不得意という田中が最も力を入れた日本列島改造は、皮肉にも全国を駆けめぐった改造狂騒曲によって、政権の足元をさらったのである。

「アブラ外交」と大平

オイル・ショックは他方で、これまで中東紛争に関与せず平和な通商外交に徹していればよかった日本も、アラブ諸国から見れば「友好国」でないことを知らしめた。日本は徐々にアラブ寄りに舵を取る。一九七三年一一月日本政府は、アラブに対する結束を求めて来日したキッシンジャー米国務長官と共同歩調をとることを拒否。通産相だった中曽根は、石油不足によるパニックを避けるために、パレスチナ民族の完全な自決を支持する声明文案を作成、アラブ外交の転換を主導した。

日米関係への配慮から大平外相と外務省は難色を示したが、一一月二二日政府は中曽根原案通り親アラブ政策への転換を明らかにした。一二月初めには三木副総理を中東諸国に派遣して、経済協力と取引するかたちで石油の供給を要請するなど、いわゆる「アブラ外交」を展開した。一二月下旬石油を積んだ輸送船が続々日本に到着したとき、中曽根は「長い政治生活の中で、このときくらいうれしかったことはない」(『政治と人生』)とのちに記している。だが中曽根も田中も、そして三木もアブラに詳しかったわけではない。実は一一月も一二月も、日本の原油輸入量は増えていた。一一月の輸入量は前年同月比五・五％増の二四〇〇万キロリットル、一二月は二五三二万キロリットルに達していたのである。一方で、大平は冷静であった。

「オイル・ショックで」政府も民間も、全く途方に暮れた。われわれのよって立つ基盤自体に大きい亀裂が生じ、動揺が起きたからである。右往左往するのも無理はなかった。外相である私に対しても、政府の内外から、中近東に対する外交方針をアラブ寄りに転換するよう強い要請が出始めてきた。また、メジャー以外のルートから石油を確保する方途を講ずるよう、これまた各方面から強い圧力があった。

しかし私は、産油国といえども、石油を売らなければやっていけないし、日本のような大口の安定した需要国の存在は、彼らにとっても大切な顧客である筈《はず》である。したがって、何もそう周章狼狽《ろうばい》することはないと観念し、これらの要請には終始クールに対処することにした。しかし、渇ききった空気は容易におさまる気配をみせず、中近東政策の転換を求める声は、日増しに高まるばかりであった。（『私の履歴書』）

翌一九七四年一月、田中は資源外交を展開するために、フィリピン、タイ、シンガポール、マレーシア、インドネシアのＡＳＥＡＮ五ヵ国を訪問する。しかし、タイのバンコクとインドネシアのジャカルタで、日本の経済進出に危機感を強めたデモ隊の手荒い歓迎を受けた。

金脈問題による田中退陣

一九七四年七月参議院選挙が行われた。選挙は「金権選挙」となり、強引な企業ぐるみ選挙に批判が集まった。なかでも、三木副総理の地元徳島県で現職の久次米《くじめ》健太郎《けんたろう》を公認せず、田中が腹心の新人後藤田《ごとうだ》正晴《まさはる》を立てたことは、メディアの格好の材料となった（久次米は当選し、後藤田は落選）。

結果は自民六二、社会二八、公明一四、共産一三、民社五、その他八となり、自民党は非改選六五を合わせても一二七で、与野党の議席差七という保革伯仲状況を生み出した。自分の顔に泥を塗られたと感じた三木は選挙後、抗議の意味を込めて副総理を辞任した。誘われるように福田も後を追って辞任した。二人は辞任の理由として、田中の金権政治を挙げ、党の体質改善の必要を説いた。九月に入ると、福田は「新しい船を造るほかないかもしれない」(『福田政権・七一四日』)と、新党結成すらほのめかした。

福田の辞任を受けて、一九七四年七月、大平は外相から蔵相に横滑りした。大平は、田中の悪口を言わなかった。蔵相就任後のインタビューで、大平は田中批判に一面の妥当性を認めつつ、「しかし、田中さんという人は非凡な人で、その思想と実践、これは相当に研究に値する。表面の行動ばかりでなく、よかれと思うことはアドバイスし、精一杯努力せにゃいかんと思っている」(『朝日新聞』一九七四年七月一七日)とかばった。こうした大平の姿勢は一貫しており、国会で脱税問題が取り上げられた際も、「第一義的には田中氏個人の問題」とし、守秘義務を盾に擁護した。

ここに政治腐敗について大平の態度が甘いと見ることもできよう。いずれにせよ大平は、田中との盟友関係を最後まで守ろうとしたのである。

だが、田中が自ら政権を降りるときが来た。きっかけとなったのは金脈問題である。一〇月九日に発売された『文藝春秋』(一九七四年一一月号)に掲載された立花隆と児玉隆也《こだまたかや》の二つの論稿は、田中の資産形成の疑惑や女性関係をめぐる人脈などを赤裸々に暴き、結果的に、時の最高権力者を退陣に追い込むことにつながったのである。

『文藝春秋』の記事が漏れ伝わる頃から、田中は動揺を隠せなかった。一〇月半ば、彼は他言無用との断りのもと、大平に「石橋内閣の時のようにスムーズにバトンタッチする方法はないか」(『森田日記』一九七四年一〇月一八日)と持ちかけた。二四日にも、後継首班を引き受ける意思があるかと、その意中を質《ただ》したといわれる。このとき、大平は退陣については決定的アドバイスを避け、金脈問題について田中から協力を求められたのに対し、「政策問題なら自民党、内閣がいっしょに責任を負うべきだ。しかし、こんどはキミ個人のことなんだから、キミ自身どう考え、どう措置するか、道を誤らないようにしなければならん」(『人と思想』)と応えた。同じ趣旨のことを大平はのちに国会答弁でも繰り返し、田中派から「冷たい」と反発をくらう。

翌二五日外遊を前に、田中と会った河野謙三《けんぞう》参議院議長が記者会見で「田中はハラを固めているようだ」(『議長一代』)と語ったことが、メディアを通じて「田中退陣か」と報じられた。

田中は金脈追及の火の粉を浴びながら、辞任の意志を秘めて一〇月二八日から一二日間、ニュージーランド、オーストラリアとビルマ(現ミャンマー)訪問の旅に立った。そして、一一月二〇日フォード米大統領の訪日行事を済ませた後、二六日ついに退陣を表明した。

このとき田中に「大平政権へのバトンタッチという点で気持の動揺はなかった」(『森田日記』一九七四年一一月一八日)というが、彼の脳裏に椎名悦三郎副総裁による暫定政権構想があったことは否めない。

3　三木・福田政権——激化する派閥抗争

椎名裁定と大平の孤立

田中角栄の次は自分が首相にというのが、大平のシナリオであった。その意味で、田中政権が金脈問題で倒れたとき、大平がこれをチャンスととらえたとしても不思議ではない。大平は田中派の支援を当てに、公選による後継総裁選出を主張した。これに対し、数で劣勢な福田と三木は話し合いによる選任にこだわった。

公選論への反発には激しいものがあった。福田は「総裁公選となれば金が飛ぶおそれがある」と揺さぶり、大平と福田の話し合いで決めようと持ちかけた。また福田には「総理総裁は推されてなるもの」という古風な考えがあった。他方三木は、「今度は反主流派に政権を渡して欲しい」と、単刀直入に切り込んできた。それは三木と福田で決めるという宣言に等しく、大平の到底飲めるものではなかった。ただ、田中派は必ずしもまとまっていず、椎名副総裁による暫定政権構想の噂が浮かんでは消えていった。「田中派動揺とのニュースが伝わってくるが、そのようなものはないと確信する。ただし総理の気持ちの動揺が激しいのが気がかりである」(『森田日記』一九七四年一一月二四日)と、大平周辺は懸念を深めていた。

椎名裁定直後の自民党有力者5者会談（1976年12月1日） テーブル右奥から時計回りで，三木，中曽根，椎名，福田，大平

三者それぞれの思惑が交錯するなか、大勢は話し合いの方向に収束しつつあった。一一月二九日、調整役となった椎名は、大平、田中、三木、中曽根の四人の実力者を招き個別に懇談した。この間椎名暫定論も飛び交い、大平は「土俵に上がってみたら行司がまわしを締めていた」と牽制した。大平としては、椎名暫定案をつぶせば、公選が行われると考えていた。

翌三〇日五者会談がもたれ、まだ若いということで中曽根が司会役にまわった。一二月一日再度五者会談が再開された。森田一は日記にこう記している。

［会談の冒頭］椎名副総裁より、三木氏を総理に推薦したい旨の言明があった。福田がこれを受けるという態度を示したため、この実現性はにわかに真実味を帯びてきた。

（中略）大平はこれを派閥に持ちかえったが、この段階では大勢は如何ともしがたいところに来ていた。

目白邸で田中大平会談が行われたが、田中総理は三木でやむなしとの意向を示した。これを一応党機関の了承を得れば従うという形で回答した。

（『森田日記』一九七四年一二月一日）


いわゆる椎名裁定を受けて、三木は「青天の霹靂だ」と驚きをみせた。巻き返しを狙って田中を訪問した大平に返ってきた答えは、「五一対四九でキミの負けだな」（『政変』）というものであった。大平は「狂瀾《きょうらん》を既倒《きとう》にめぐらす［くずれた大波を押し返す］道はすでにない」と観念せざるを得なかった。実は椎名のシナリオは早くから漏れていた。


［裁定の前日］時計の針が二時を指すころ、電話がかかってきましたが、やがて戻ってきた大平さんは吐き捨てるように言ったものです。

「あした［の裁定］は、三木のようだ。朝刊に載るらしい。なんだかんだと有象無象が寄ってたかって党を歪めている。……オレはもう寝るよ」

（『総理の品格』）


椎名にしてみれば、福田を指名すれば、田中は反発し、田中・大平連合の離反が心配される。他方、大平に決めれば「田中亜流政権」の謗《そし》りは免れず、場合によっては、福田、中曽根、三木の三派による新党構想が浮上する恐れがあった。たしかにこの時期、三木の離党による「保革連合」の話はかなり進んでいた。椎名による三木の首班指名は、田中・大平にも福田にも分裂の口実を与えない絶妙の妥協の候補であった。しかも、三木は「クリーン」が看板であり、田中金権政治で強まった自民党への逆風をかわすことができ、その党内基盤の弱さは、椎名そして田中に与《くみ》しやすしとの判断を与えた。いずれにせよ椎名裁定は、大平に「政治は芸術だよ。椎名さんは芸術家だよ」（『政変』）と言わしめた。

「へらっこい奴」

一九七四年一二月九日、三木内閣が発足した。三木武夫は一九〇七（明治四〇）年三月、徳島県板野《いたの》郡御所《ごしょ》村（現阿波《あわ》市）で生まれた。生家は肥料商を営み、一人息子の三木は、両親の愛を一身に浴びて育った。早くから弁舌の才を発揮し、明治大学時代は弁論部で活躍した。欧米留学で見聞を広め、一九三七（昭和一二）年弱冠三〇歳にして衆院で初当選を果たし、四二年翼賛選挙では非推薦で当選した。最初の選挙で、三木は「政党浄化、官僚超然内閣打破」を訴えているが、これが彼の終生変わらぬ信念となった。三木は、戦後一九四六年四月総選挙に無所属で立ち当選、協同民主党を経て国民協同党書記長に就任した。片山哲内閣では逓信相となり、その後、改進党・日本民主党を経て自民党に入った。

三木武夫

副総裁には椎名が留任し、党三役には幹事長中曽根康弘（中曽根派）、政調会長松野頼三（福田派）、総務会長灘尾弘吉（無派閥）が選ばれ、組閣に入った。福田が副総理格の経企庁長官、農相に安倍《あべ》晋太郎《しんたろう》（福田派）、通産相に河本敏夫（三木派）らが名を連ねた。大平は蔵相に留任し、宏池会からは外相に宮沢喜一、科技庁長官に佐々木義武らが就いた。

「三福中」が主流派となり、「大角」は非主流派に追いやられた。それでも翌一九七五年二月、大平と田中は「田中七五人、大平七五人を維持すること。それぞれ十億程度かかること」（『森田日記』一九七五年二月九日）などを話し、戦線の建て直しにかかった。四月頃から政界の底流では、早くも各派入り乱れての三木以後への工作が執拗に繰り返される。

大平は三木について、つねづね「へらっこい奴」（香川弁で、こずるい、したたか）だと評していた。また大平の側近田中六助によると、大平は「党近代化を唱えている当の三木氏本人が、椎名裁定という長老の密室政治によって政権を手中にしたこと」（『大平正芳の人と政治』）に強い不信感を抱いたという。

三木政権下、苦悩の蔵相

留任した大平は、ただちに一九七五年度予算案の編成に臨まなければならなかった。他方、三木は福田を副総理格で迎えるに当たって、「君との共同内閣のつもりです」と囁き、「経済については一言も発しない。全部、あなたに一任」（『回顧九十年』）と経済政策を全面的に委ねた。狂乱物価の後始末に福田の助けが不可欠であったが、大平と福田の離反を謀る三木の狡知《こうち》も垣間見える。これを受けて、福田は組閣の翌日に早くも自らを座長とする「経済対策閣僚会議」を立ち上げ、三木内閣全体の経済を取り仕切ろうとの意志を示した。大平は「余計な土俵をつくるもんだ」（『追想編』）と不快感を示したが、経済運営をめぐって大福の対立が予想された。

予算編成では、物価の安定を図るため引き続き「総需要抑制策」を堅持し公債発行も抑制する方針が採られた。だが、実際には狂乱物価の後始末に要する歳出増に加え、物価上昇にともなう各種費目の価格上昇もあって、歳出を圧縮することはきわめて難しい状況にあった。

こうしたなか、公共料金の改訂問題をめぐって、物価に敏感な福田は経済対策閣僚会議を足場に値上げ抑制を主張した。そのツケは当然財政へのしわ寄せを呼ぶ。しかも、三木がタバコ以外の公共料金の凍結を大平に要請し、福田を擁護したため、大平の立場は厳しいものであった。

大平は、「価格メカニズムからあまり遊離できないと思うし、（中略）物価対策は無理のないやり方で進め、一方、財政もきちんと受け止めてやって行くことが、結局は物価対策として一番健全なやり方である」（『朝日新聞』一九七四年一二月一九日）と、市場に委ねることを主張した。

結局、一二月末、電信・電話料金の値上げを凍結する一方、タバコ・郵便料金の値上げを実施することで妥協が成立した。

一九七五年四月一五日、予算成立後、大平は衆議院大蔵委員会で「当面の財政事情について」と題する演説を行い、いわゆる「財政危機宣言」を発した。そこで強調したのは次の三点である。

（1）一九七四年度の税収は約八〇〇〇億円の不足が見込まれる。安定成長下では従来のように自然増収に多くを期待することは困難である。

（2）一九七五年度も七四年度減収の影響が及ぶ。行政経費の節約をはじめとする既定経費の見直しにより、極力歳出の節減を図る必要がある。

（3）今後の財政のあり方を根本的に改善する必要がある。施策の見直しによる財政の負担の軽減の一方、財源面も新たな税収確保の方策を検討する必要がある。

大平の焦燥を尻目に、三木が推し進めた選挙二法（公選法改正案、政治資金規正法改正案）をめぐる国会の混乱は、参議院で酒・タバコ法案の時間切れ廃案という結果をもたらした。乏しい財源が、さらに逼迫《ひっぱく》することになった。与野党伯仲状況に加え、自民党内の足並みの乱れがもたらした結果である。

七月五日の宏池会総会では、三木政権の国会運営に対する批判、憤懣《ふんまん》の声が上がり、蔵相の抗議辞任を求める声すら上がった。これに対し、大平は次のように応えている。

今度の国会では、参議院の情勢を考えて重たい荷物（法案）を持ち込まないというのが当初の方針であった。しかるに首相周辺が政治的姿勢を強調する意味から、独禁法、政治資金規正法などを送り込んだのが誤りのスタートだった。こうした問題は党内コンセンサスが得られなくては、うまくいかない。（中略）無念だからと言って、自分の利益だけを考えて蔵相の地位を放り出すわけにはいかない。

（『人と思想』）

結局、歳入不足は三兆四八〇〇億円に達し、これを補うためには、一兆一九〇〇億円の建設国債、二兆二九〇〇億円の赤字国債によるしかなかった。財政赤字の解消という宿題は、その後大平の肩に重くのしかかっていき、この問題をいかに処理するかに腐心することになる。

当時、三木政治に対して、大平は次のように評している。

三木さんのやり方は、世論に敏感に政治が反応していこうとしている。その限りにおいて理解もできるし、評価もできる。できるんだが、その取り組み方が私とちがうのだ。（中略）選挙法とか、政治資金規正法とかいう、政治の秩序にかかわるもの、それから独占禁止法という、経済の秩序にかかわるものに三木さんは手を染めた。その着眼はいい。だけど、わたしは、これを本当にやるには、二年や三年の時間を藉《か》してもらいたい（中略）少しアプローチのしかたが性急過ぎる。

（「この冷えすぎた日本をどうする」一九七五年秋、『風塵雑俎』）

三木の政策

三木は不思議な人である。一方で、清潔《クリーン》、反権力・反官僚の党人政治家、議会の子など、一貫した理想を持つ政治家というイメージがある。しかし他方、石橋湛山から岸信介、池田勇人から佐藤栄作へと権力の移行する要所に顔をのぞかせている。いずれも幹事長として、党人派ではなく官僚派の政権の成立に手を貸しており、党人派として動いたわけではない。三木は「保守の左の端のきわどいところ」を歩きながらも、「決して保守の端っこから踏み外すこと」（後藤基夫ほか『戦後保守政治の軌跡』）はなかった。

また三木は夫人が森矗昶《のぶてる》の娘で、森コンツェルンに連なることで財政的基盤を持っており、決して庶民ではない。抵抗者としての顔と、本流に認知され帰属したいと妥協を重ねる二つの顔を持っていた。それゆえ、「バルカン政治家」というレッテルを貼られた。三木の政治的嗅覚《きゅうかく》は見事であり、この二つの顔を巧みに使い分け、権力の中枢に近づき、首班の座を得たのである。

三木は、金権に対し「クリーン」を、経済成長に対し「分配の公正」を標榜し、田中に対するアンチとして登場した。彼はこうした政権の出自の経緯、自らの政治的信条からも、内閣の課題として何よりも政治改革――総裁公選規程改正、政治資金規正法改正、公職選挙法改正の三つに力を傾けていった。

公職選挙法は、定数不均衡の是正（議員定数を二〇名増の五一一とする）、選挙公営の拡大と連座制を強化して選挙違反への刑事罰を重くすることを内容としていた。政治資金規正法案は、企業や労組からの政党への献金、派閥や個人への献金をそれぞれ上限一億円と五〇〇〇万円とするなど、その量的・質的規制の強化を図るものであったが、彼の意図した企業献金の「三年以内」の廃止は自民党内の抵抗によって断念せざるを得なかった。

公職選挙法と政治資金規正法の両改正法案は、野党と世論の支持をバックに、通常国会最終日の一九七五年七月四日夜、かろうじて成立した。しかも規正法案の場合、参院本会議で可否同数となり、河野謙三議長の一票行使により可決成立というきわどさであった。

一方で、三木が最も重要視した自民党総裁選びに全党員による予備選挙を導入しようとする総裁公選規程改正の企ては、三木が公選に多額の金が動き、派閥が横行している事実を指摘したことから反発を呼んだ。特に田中・大平両派は猛反対で日の目を見ず、ロッキード事件のあおりもあって、次の福田政権に積み残される。

いずれも改革の流れを先取りするものだが、政治資金の透明性、公費助成に踏み切るものではなかった。のちに改正政治資金規正法が政治資金パーティなど異なるカネづくりを生み、総裁予備選が下部組織まで派閥化を進めたことはよく知られている。

つづいて同じ通常国会に、三木は独占禁止法（独禁法）改正案を提出した。「自由経済の公正なルール確保」のためという改正案ではあったが、財界や業界、自民党内の猛反対を受けた。彼は党内の反対意見にあえて抗し、野党の同意を取りつけて衆議院通過を勝ち取ったが、参議院で審議未了、廃案という結果に終わった。法案通過には性急に過ぎたし、実現するには三木政権の党内基盤は脆弱《ぜいじゃく》過ぎた。椎名は、独禁法改正などの改革について野党の支持を背景とする三木の政治手法に批判を強め、以後二人の関係は急速に冷えていった。

田中角栄の蠢動

一九七五年八月半ば、田中角栄は椎名に再び「椎名暫定政権」を持ちかけている。財界筋は福田を望んでいたが、田中の頭に彼の名前はなかった。一一月、田中は大平と会い、「(1) 大福がやめれば三木政権はつぶれるが、そうでないかぎり簡単にはつぶれない、(2) 福田政権は自分としては賛成しがたい、(3) 酒タバコ法案がダメになっても軽々に大蔵大臣を辞任すべきではない。三木は既に後任の人選も考えていると思わねばならない。三木は辞任を渋っていると考えるべきだ、（４）スト権問題では筋を通すべきだ」（『森田日記』一九七五年一一月三日）と鼓舞した。

田中は、スト権スト（公務員の争議権奪還をめざし公務員労働組合によって行われたストライキ）の処理をめぐって、融和的態度に傾斜しつつあった三木を、そして福田を揺さぶりはじめた。泥沼スト突入の前後、田中は自ら筆を取り「田中十ヵ条」と呼ばれるスト権付与絶対反対論をまとめあげ、派の若手議員を動員して署名簿をつけ党内に配布させた。田中および田中派が鳴りを潜めていたのは束の間のことだった。

この間三木は、党内右派に接近する姿勢を見せる。日台航空路の再開、八月一五日の現職総理として初めての靖国神社参拝などである。つづいて三木は独禁法改正案の国会再提出をあきらめ、国鉄など公共企業体の職員へのスト権付与も否認に転じた。いわゆる右寄りの勢力に妥協しはじめたというマイナス・イメージがメディアで流布されるにつれ、世論は急速に離れていった。

一九七六年に入ると、田中は再び復権への意欲を強め、「三木」後をめぐって蠢動《しゅんどう》しはじめた。一月末、大平はまた田中と秘密会談をもっている。このときの田中の言動を大平の秘書森田は次のように記している。

（１）船田［中］水田［三喜男］前尾等も福田とはよくない、（２）福田は一度会えば百年の知己のように言う、（3）政局は自分と大平で決断して回していく以外にない、（4）三木を倒すとき椎名をやめさせる話はついている、（5）椎名が大平に会いたがっている。椎名は前尾か保利の暫定政権を考えているようだが、自分はダメダと言っておいた。

（『森田日記』一九七六年一月二九日）

二月に入り、大平の身辺は慌ただしくなる。四日、福田から三木が「早く解散をやりたがっており、そのあとはあまり長くやるつもりはない」（同前、二月四日）との情報が、七日には椎名から「［三木が］選挙公営に意欲を燃やしており、選挙はそうあわてることはない。ロッキード問題も同様である」（同前、二月七日）と述べているとの情報が伝えられた。

ロッキード事件と「三木おろし」

このように反三木の動きが静かに広まるなか、沈みかけた三木政権を再び浮上させるきっかけになったのがロッキード事件であった。

一九七六年二月四日、米上院外交委員会多国籍企業小委員会で、ロッキード社側から同社の裏金が日本政府高官に渡ったとの情報が公開された。ただちに三木は、真相究明まで後へは引かない決意を明らかにし、フォード米大統領に親書を送り、米側に資料提供を要請した。三木の親書について、大平は「実務者に任せておけばよいものを、なんで政治のマターにしなけりゃならないんだ」（『人と思想』）と苦々しげに感想を漏らしている。

三木は低迷しつつあった政権の浮揚をロッキード事件の解明に賭けた。こうした三木の動きに対し、椎名は不快感も露《あらわ》に「三木ははしゃぎ過ぎだ。惻隠《そくいん》の情がない」（『朝日新聞』一九七六年五月一九日）と語り、五月の連休後田中、大平、福田らと相次いで会談、総選挙前の退陣という筋書きで合意を取りつけ、「三木おろし」に動いた。

大平には、一〇年前の黒い霧事件のときと同様、政治腐敗に対しては、抜きがたいあきらめが見られる。

いま、全体としての対応ぶりは少し浮足だっている。何があったのか。幾つかの〝点〟ができているがピクチュア（画像）全体を少しふくらみをもって、いっぺん再構成しないといかんのじゃないか。（中略）自民党という政党は間口が広い。一局面にそういう点があった。しかし、「自民党はそういう体質である」とカテゴリカル（無条件）に決めつけられると党は非常に迷惑する。
［事件の解明は］日本民族全体の「力量」にかかってくる。ローマ、ギリシャの歴史を考えても最後は国民だ。（中略）「力量」以上の解決はむずかしい。しかし、それ以下の解決は困る。日本人は相当の判断力、バランス感覚を持っている。私は、まずい解決はしないと思う。（「ロッキード事件有力閣僚に聞く」一九七六年二月二三日、『在素知贅』）

大平は椎名・田中とともに、三木おろしに向かった。福田の立場は微妙だった。椎名工作と「三福中」主流体制のはざまで揺れた。三木の党内における立場は苦しいものとなった。しかし、三木おろしに対する世論の「ロッキード隠し」だとする非難の前に、椎名もいったんは矛をおさめざるを得なかった。

三木は五月一四日福田と会い、福田から副総理にとどまり、両者の信頼関係に変わりはないとの言質《げんち》を取りつけ、六月一日大平との会談に臨んだ。

このとき、大平が「あなたも自民党を基盤にして栄光の座についたが、その間自民党の同志はあらゆる部署で守備についてやってきた。今から進むも退くも自民党の同志の祝福の下にやらなければならぬと思うがどうか」と尋ねたところ、三木は「あなたの言うとおりであり、自分もそのように考えている。ただ自分が理不尽に押さえこまれてしまうと、自分も反発せざるをえない。しかし、自分としても是非自民党の同志の方々の祝福の下で進退を決めたい」(「大平―三木会談について」『森田日記』所収)と応えた。

六月には、河野洋平ら六人が「自民党はすでに時代的役割を終えた」と宣言して脱党、新自由クラブを結成し、結党以来はじめて分裂が現実化した。

大平・三木会談

七月二七日の田中前総理逮捕は、列島に衝撃を走らせた。逮捕の翌日、大平は親しい友人、政治家たちに電話をかけ、「昨夜はよく眠れなかった。悲しいことだ」「空《むな》しい」と漏らしたという。福田も三木が自分に相談なくやったことに不快感を覚えた。そして、党幹部仲間の首を切った血刀をぶらさげて政治はできないから、「責任をとって総辞職する」よう三木に求めた。

田中逮捕は、もはや三木おろしがロッキード隠しに通ずるものではないことになり、反三木派の活動を活発化させた。強い衝撃を受けた田中派は、三木への憤懣と憎悪を増幅させ、三木退陣を要求した。これに大平と福田が同調し、田中・大平・福田の反三木三派連合ができた。

「三木おろし」の再燃に対して、三木は各派トップと会談を行い、反三木の動きを牽制しようとした。八月一一日福田と、一二日大平との会談が行われた。一対一の会談は三木の得意とするところであり、その際の交渉術は一級品といわれる。

当時の状況を伝えるものとして、三木と大平の会談を詳細に残したメモがある。このメモは関係方面に配布するために、大平の話を森田秘書官が筆記したものである。少し長いが一部引用する。

大平―三木会談は一二日正午より二時二〇分までホテルオークラ別館一三階プレジデ

ンシアル・ルームで行われたが、その概要次の通り。（敬称略）
一、三木より、（1）ロッキード問題の真相解明、臨時国会における懸案の処理、総選挙の実施、党風の刷新は一体のものであるから、そのすべてを自分の手でやりたいと述べた。また自分は政権に恋々とするものではないとしながらも、屈辱的な退陣要求には応じないつもりである旨述べ、政権の維持に強い意欲を示した。
（2）三木より、ロッキード事件は八月中に大体終わる。但し児玉ルートは九月にかかるが、これも九月中には終えてしまう。いつまでもロッキード事件にかかわりあってはおれないとのことであった。
（3）三木は、難局の打開は、現体制で行きたいと述べ、福田、大平両君をはじめ党内の協力を得られれば、現体制のままでも乗り切ることは不可能ではないし、総選挙の見通しも決して暗くはないと思うと述べた。
（4）更に三木より、党風刷新の根本として、総裁公選規程をかえて公選を定着させるようにしなければならぬと考えている旨述べた。ただこれを何時やるとは言わなかった。総選挙後という感じであった。
（5）三木は当面の課題である財特法その他の案件は是非通さねばならぬと考えていると述べ、特に財特には熱意を示していた。
（6）三木より天皇陛下の在位［五〇年］の記念日（一一月一〇日）は、政治日程とかかわりなく決めたものであって、解散総選挙とはかかわりないものと承知しておいてもらいたいと述べた。

（中略）

一、三木より、あなたはもっと暖かく自分に協力してくれてもよいのではないかと思う。あなたと自分との間には何等のわだかまりもなかったし、因縁浅からぬ間柄であるのに、自分に対する仕打ちが冷たいように思う。椎名と一緒になってあのような時期にああいうことをやられたことは心外であると述べた。これに対し、大平は自分は骨身を削る思いで協力しているし、私の同志もそれぞれの部署について協力している。ただし、協力と同時に批判をすることはやめないつもりだ。批判なしには健全な政権の維持はできないからである。あの当時椎名さんが中心になって話を始めたが、ロッキードかくしといわれるようなことではなかった。自民党はロッキード事件が起こる前から党勢の衰退が指摘されており、党の再建は椎名さんの悲願であった。正直言って、あなたの政治姿勢にも批判があった。そこで、党の再生をどのようにして図るかという話し合いを始めた途端に、ロッキードかくしというわれない批判を浴びた。ロッキードかくしというのはマスコミの誤解であった、われわれはもっと真面目であった。しかし、そのような誤解を招きやすいということであれば、ロッキード事件の真相が究明されるまで行動を慎もうということにしたものである。従って本件を新聞のとりあげ方で評価するのは間違いであると指摘した。
一、結局今後も話し合いを続けることとし、福田氏とともに三者会談を行うようにしようということで合意した。
一、最後に外部に対しては次のような発表を行うこととした。
（1）本日正午より昼食をとりながら、二時間あまり三木総理と会談した。総理も私も時局が党にとっても国にとっても極めて深刻な事態であり、協力してその打開に当たらねばならないという点では意見の一致を見た。
（2）難局打開の具体的方法については、今後とも会談を重ねて合意を見出そうということになった。
（3）総理からは現体制でこの難局を乗り切りたいという強い意向が示され、私からは私の見解を表明し、相互の理解を深める意味で有益な会談であったと思う。

（『森田日記』所収）

三木は人を説得するとき、膝を交えるように身を乗り出し、場合によっては相手の腕や膝をつかみ、熱心に説きつけるのが常であった。会談の記録からは、三木に対して冷ややかな大平に、感情を露にしながら、政権に固執し説得を試みる三木が見えてくる。
三木を追い込めない大平と福田の後押しをすべく、大福両派に田中派、椎名、水田、船田の中間三派が加わり、八月一九日三木退陣を求めて「挙党体制確立協議会」（挙党協）が結成された。

この頃大平は、政治が対応力《ガヴァナビリティ》を失っていることに、強い危機意識を抱いていた。オイル・ショック後、世界全体がガヴァナビリティの低下に嘆き、教育、外交、物価、労働、あるいは社会、環境など、いずれの問題をとっても政府が全力をあげ対処しても、なお足りないとする。大平は、政治の使命は党内権力闘争に浪費されることでなく、これからの対応を誤らないことにあると、ガヴァナビリティの「復権」を強く意識するようになっていた。

福田と笑顔で握手する大平（1976年８月23日） 三木首相の収拾案を蹴り，２人は対決姿勢を固めた

大平・福田の密約

三木の抵抗もむなしく大勢に逆らうことはできず、焦点は三木後の受け皿づくりに移った。ここで後継の選び方が問題となった。公選となれば、福田と大平が全面衝突し、さらなる争いを招く恐れがあったからである。話し合いによる選出をめざして、福田と大平の調整が進められた。流れは、「話し合いで福田」という方向に傾きつつあった。

一〇月五日、大平の腹心田中六助が大平を訪れ、「大平株が上昇している現在こそ大福調整をし、福田に譲るべきである」(『森田日記』一九七六年一〇月五日)と説いた。大平から一つの感触を得た田中六助は、ただちに福田と連絡をとった。

「大平は承知したよ」と言うと、福田さんは喜んで「一年でもいい、一年半でもいい」と言った。私が「後は大平に頼む」と念を押し、福田さんも同意したので、それをまた大蔵省の大平のもとに報告に行った。(『人と思想』)

一〇月末、保利茂を立会人として、「福田内閣は一期二年で」との合意のもと、ポスト三木を福田とする合意がなった。

一、ポスト三木の新総裁及び首班指名候補者には、大平正芳氏は福田赳夫氏を推挙する。
一、総理総裁は不離一体のものとするが、福田赳夫氏は党務は主として大平正芳氏に委ねるものとする。
一、昭和五十二年一月の定期党大会において党則を改め総裁の任期を三年とあるを二年に改めるものとする。

右について福田、大平の両氏は相互信頼のもとに合意した。

昭和五十一年十一月

福田赳夫（花押）
大平正芳（花押）
園田　直（花押）
鈴木善幸（花押）
（『園田直・全人像』）

ここにいたる過程について、福田派の園田直は次のように語っている。

三木内閣は間違いなしに総辞職するだろうが、そのあとは自然の流れからすると大平内閣が成立する。それはそれで良いことだが、しかし私のかついできた福田赳夫さんがそれでは、ひょっとすると永久に政権をとれなくなるというので、大平さんに頼みこんだのがホテル・パシフィックでの五者会談であった。（中略）この席ではむずかしいことは大平さん、ひとこともいわなかった。そればかりか、福田さんが総理を二年つとめて「それから先のことをどうするか」という話になった時、大平さんが初めて口を開いた。「二年後のことを今ここで話し合っても仕方ないんじゃないでしょうか。二年後のことは二年後にあらためて話し合うことにしようじゃありませんか」。

下司《げす》なら「二年後に政権を大平に渡すと、と文書にしろ」と迫るところである。しかし大平さんはその逆を行った。私は胸に迫るものがあった。（『追想編』）

福田や福田周辺は密約の存在をいまなお否定しているが、こうした経緯があり、福田と大平の妥協は成立したのである。のちに福田政権で、総裁任期が三年から二年に短縮されたことは、その証《あかし》であったと言える。言うまでもなく、古くは吉田茂と鳩山一郎、岸信介と大野伴睦の念書など、こうした約束が守られた試しはなく、それがやがて大福の間に亀裂を生み、怨念の派閥抗争を招いた。

だが、三木退陣は世論を背景とする三木の粘り腰の前に、結局同年末の総選挙までもつれこんだ。結果、自民党は結党以来、初めて公認候補だけで過半数に届かない二四九議席という大敗となった。この選挙から衆議院の定数が五一一に増え、過半数が二四六から二五六に上がったことも、三木にとっては痛かった。結果を受けて、三木は側近に「もう世論はぼくに味方しないよ」（『政局・連合時代』）と漏らした。以下、社会党一二三、公明党五五、民社党二九、共産党一七であったが、新自由クラブが一七議席を得たことが注目を浴びた。

福田政権下、幹事長

惨敗の責任をとって三木が退いた後、福田は過半数を超えることわずか一票の二五六票で首相に指名された。一九七六年一二月福田内閣が誕生すると、大平は幹事長に就任し、次期を狙うことになった。党三役は、総務会長江崎真澄《えさきますみ》（田中派）、政調会長河本敏夫（三木派）の布陣となり、官房長官には大福提携のキーマンとなった園田直（福田派）が就いた。

福田赳夫は一九〇五（明治三八）年群馬県群馬郡金古《かねこ》町（現高崎市）の富裕な農家に生まれた。生家は徳川時代から庄屋を務める名望家として知られ、祖父・父・長兄と三代にわたって町長を務めている。一高、東大、大蔵省の主計局長を務めるなどエリート・コースを歩み、大平と同じ一九五二年に初当選を果たした。「上杉《うえすぎ》［慎吉《しんきち》］憲法は右寄りで、左よりではない中立が美濃部《みのべ》［達吉《たつきち》］憲法だった」と記す福田は東大法学部在学中、憲法の両教授に目をかけられていた。上杉から「内弟子として大学に残るよう」に誘われたことは、兄事した岸信介と似ている。

福田赳夫

安定成長論に立つ福田は、池田の「消費は美徳だ」という考え、超高度成長論とは肌合いが合わず、大蔵省出身ではあったが、池田派入りすることをよしとしなかった。その後知人を通じて岸と知り合い、その政治理念である政界刷新（占領政治からの脱却）、日本経済の再建に共鳴し、以後行動をともにする。岸政権で政調会長、幹事長を務め、側近として活躍したが、池田政権では経済政策で対立し、反主流派の一翼である「党風刷新連盟」を率い、池田を揺さぶった。佐藤とは岸との縁で知り合い、池田批判勢力として共闘するようになった。佐藤政権では、蔵相、幹事長、外相など要職を歴任した。佐藤の後継に擬せられたことはすでに述べた通りである。しかし、田中との競争に敗れ、三木に先を越されるなど、その限りで「遅く来過ぎた政権」と言えた。

大福の提携はある意味で、異質の結合であった。大蔵省出身という点で経歴上の共通点を持つが、福田が一高・東大を経て大蔵省にトップで入省したのに対し、大平は高松高商・東京商大を経て大蔵省に入った傍流である。二人がたどった履歴の違いと権力闘争的利害に加え、両者の間には、政治スタイルや思想的バック・グラウンドの違いもあった。

福田は自信家ではあるが、飄々《ひょうひょう》とした好人物であり、「昭和元禄」「狂乱物価」「明治三八歳」などいくつもの流行語を生んだ優れた言語的センスの持ち主であった。福田は「政治は最高の道徳」と言い、常に高い理想や目標を口にし、政治の果たすべき大きな役割を説いた。福田の目線は常に国家・国民を見すえていたが、優先されたのは日本という国家であり、国家指導者としての自覚がそれを支えた。他方で、大平は天下国家を論じることはなかったし、政治の役割についても限定的に考えていた。

経済政策の面でも、大平が市場経済を重視し、政府の介入を最小限にとどめようとしたのに対し、福田は政府の介入に比較的積極的であった。三木政権で公共料金値上げ問題で二人が火花を散らしたことはすでに見た。

派閥についても、大平が人間の本性に基づくものであるとして、弊害を認めつつ容認したのに対し、福田は否定的で派閥解消論者だった。もっとも、福田そして三木も決して自派を解消することなく温存させたことは周知の通りである。

与野党伯仲という限界

福田がその政治経験の豊かさ、財政家としての識見、能力を評価される有能なリーダーであったことは間違いない。大平は福田とはウマが合わなかったものの、三木とは異なり、その政治的力量については認めていた。

しかし、一九七六年総選挙による与野党伯仲状況のなかで、福田ができることは限られていた。まず福田を待ち受けていたのは、一九七七年度予算編成と減税問題であった。

福田はもともと健全財政論者であり、一九七三年田中内閣に入り「総需要抑制策」でインフレの抑制に乗りだした。この間、物価の上昇率は一九七五年一一・八％、七六年九・三％、七七年八・一％と鎮静化し、福田内閣の最後には三・八％に落ち着いた。福田はもう一年緊縮財政を行うつもりだったが、一方でインフレは収まりつつあり、景気回復への思い切った施策を求める声も無視できなかった。野党から出された「一兆円の大幅減税」という要求に、彼は「安定成長を目指しているとき、大幅減税を要求するのは理解できない」と必死の抵抗を試みた。しかし、予算委員会が野党多数の逆転委員会となっている以上、その壁を乗り越えることは困難であった。

ここで収拾に動いたのが大平であった。大平は野党と粘り強く折衝を重ねる一方、自民党内にあった野党分断策を排し、「野党第一党の社会党を正面にすえ」(『政局・連合時代』)、誠心誠意話し合うとした。

結局、自民党は野党の要求をのみ七〇〇〇億円余りの減税案を提出し、譲歩した。政府予算が野党によって実質的に修正を受けたのは、戦後初めてのことである。この結果、予算案は前年度に続いて借金財政を余儀なくされ、それも総額の三分の一に当たる八兆五〇〇〇億円を国債に依存する異常なものとなった。そこには四ヵ月後に迫っていた参議院選挙を考えても、減税問題で多少譲ったほうがいいとの配慮があった。

一九七三年度で一兆七六六二億円だった国債発行額は、七七年度に九兆五六一二億円、さらに七八年度には一三兆四七二〇億円と五年間で七倍以上に跳ね上がった。国債依存度も一九七三年度の一二%から、七七年度三二・九%、七八年度には三四・七%に達した。しかも田中政権ではゼロであった赤字国債を四兆五三三三億円発行している。福田は、自らの主張とは逆に公債依存度の拡大という負の遺産を後世に残すことになる。

大平は、福田の持論である安定成長論について、珍しく厳しい口調で次のように語っている。

池田内閣時代に、彼［福田］は高度成長を批判して安定成長を唱えたけれども、ああいう立場はあまり感心できない。何となれば、成長と安定は本来両立しないいんだ。（中略）わたしは高度成長論者であって、福田氏が低成長論者であるなんていうことは間違いで、そういうことはおかしなことである。高度成長を追求しように も、その状況にめぐまれていないので、もっとつましいやり方を考えなきゃならない。それは二人とも同じじゃないか。

（前掲「この冷えすぎた日本をどうする」）

またこの時期から具体的に検討が進められていた消費税（一九七七年中期税制答申。正式には「今後の税制のあり方についての答申」）に関する二人の反応も対照的であった。福田は財政再建のために消費税の導入が必須《ひっす》であるという結論を認めつつも、「文章はどうでもよいが、選挙の時、売上税がどうのとか消費税がどうのとかいう議論になるようなことはやめてくれ」と素っ気なかった。対して大平は、聞き終わると間髪を入れず「結構です。進めて下さい」と、簡潔、明快だった（『税の攻防・大蔵官僚四半世紀』）。福田が「賢明」にも増税を避け、大平がのちに愚直にも旗ふり役を演じたことは周知の通りである。

「パーシャル連合」の提唱

福田と大平は、与野党伯仲状況の厳しい国会のなかにいた。大平は幹事長として、伯仲状況という現実を十分に踏まえ、必要ならば野党の言うことも聞くという姿勢で、国会運営に臨み、法案の通過に努めた。日韓大陸棚協定、三木内閣から受け継いだ独禁法改正案、領海法など一つひとつ片づけていった。

この頃、大平は政局についていくつかのメモを残している。それは体系だったものではなく、走り書きとでも言うべきものであるが、当時の大平の政党政治に対する考えの一端を示している。

政局について、彼は総体として安定しているととらえる。その理由は、各党間に資源・エネルギー、都市、公害、インフレ、暴力、戦争など共通の問題こそあれ、大きな対立がない。また国会で「話し合い慣行」が定着し——大平は「日本的民主主義」とのメモを付している——野党の物理的抵抗もほとんど姿を消してきたことを挙げている。そして、日本の政治は、「保守勢力が北欧や南欧よりもっと強く、そこへもってきて、相当大きな中道勢力という重しが付いて」いるので、社民を軸とする中道勢力による「北欧型」とも、保守勢力と左翼勢力が対立する「南欧型」とも異なる「比較的安定」したものとなろうと予想する。

次いで、衆参両院の議席数、運営、成果を顧みて、二大政党制と一党支配体制とともに否定し、「自民党を軸にした穏健な多元体制」に移行しつつあるとする。ただ連立にはまだ早く、

「部分連合」を提唱している。

　国会の運営においても、私は部分連合という形で、自民党が一つの案件を提示し、野党に賛成か反対かを問い、ある政党は反対ということもあるし、またある政党はそこをちょっと直してくれたら賛成に踏み切ってもいいという。そのような反応を確かめる。そのように、一つ一つの問題についてパーシャリーに、一つ一つ連合を組んで、案件を仕上げていくより他に、現実的なやり方はないように考えている。

（「国内政治に想う」『複合力の時代』）

　また、大平は政権を政党の構成ではなく機能で見る。すなわち、「かりに自民党の単独政権下にあっても、その政権が十分機能しない状態はよくないと思うのです。（中略）単独政権でなく、かりに保革連立政権でも、その政権が非常にスムーズに機能していけば、その方が望ましい」（同前）と。

　そして、世論調査の結果を受け、自民党が尻上がりの安定的支持を得ているのに対し、野党各党が上昇していないことに着目する。主婦、退職者、若者を中心とする支持政党なし層が「鋭敏な政治感覚」の持ち主であり、彼らの動向が今後の課題となるとしている。最後に自民党については、党改革の方向として「開かれた政党」「財政力の強化」「活動の強化」とメモに記している。

一九七七年参院選――保革逆転の阻止

福田は予算案の衆議院通過を見届けたのち、一九七七年三月ワシントンに飛びカーター米大統領との首脳会談に、五月にはロンドンの先進国首脳会議(サミット)に臨んだ。福田は政権発足に当たって、日米安保を維持し、中ソ双方との関係改善を図る「全方位平和外交」を唱えた。

ロンドンで福田は、スタグフレーションに悩む先進資本主義国といかに協調するかという問題に関し、唯一大恐慌を知る者として議論をリードした。そして、黒字国としてアメリカ、西ドイツとともに世界経済を引っ張っていく「機関車」の役割、すなわち「六・七%成長」を果たすことを約束した。

帰国した福田は、最初の民意の洗礼とも呼ぶべき参議院選挙を迎えた。過半数割れした議席を回復し、長期低落傾向に歯止めをかけることがその使命であった。しかし、内閣の支持率は低迷し、冷え切った景気が立ち直る気配はなかった。

結果は、全国区一八(追加公認を含め一九)、地方区四五(四七)の、計六三で、前回の六二を上回り、六年前の六三と同数だった。以下、社会党二七、公明党一四、民社党六、共産党五と続いた。

もっとも得票率で見ると、全国区では四四・三％から三五・八％へと下がり、地方区でも現状維持の三九・五％であり、必ずしも勝利とはいえなかった。ただ選挙前の保革逆転必至の予測を超えて持ちこたえたことは、これを乗り切ったと安堵させた。

八月、東南アジアを歴訪した福田は、最終訪問国フィリピンのマニラで、のちに「福田ドクトリン」と呼ばれる日本の東南アジア政策の基本方針を明らかにした。

(1) 日本は平和に徹し軍事大国にならないことを決意しており、そのような立場から東南アジア、ひいては世界の平和と繁栄に貢献する。

(2) 東南アジア諸国との間に政治、経済のみならず社会、文化など広範な分野で真の友人として心と心のふれ合う相互信頼関係を築きあげる。

(3) 日本は〝対等な協力者〟の立場に立ってＡＳＥＡＮおよび、その加盟国の連帯と強じん性強化の自主的努力に対し、志を同じくする他の域外諸国とともに積極的に協力し、またインドシナ諸国との間には相互理解に基づく関係の醸成を図り、東南アジア全域にわたる平和と繁栄の構築に寄与する。

（『福田政権・七一四日』）

一九七四年一月の暴動を招いた田中角栄の訪問のときと比べ、明らかな成功であった。それは、岸信介の「大東亜共栄圏」的発想のナショナリズムから無縁の、東アジア地域全体を包み込み軍事色を排した経済主義的アプローチによる接近であった。

福田は一一月末、党三役・内閣改造を行う。幹事長の大平は留任させ、総務会長に中曽根、政調会長には、三木派の河本敏夫から総務会長だった田中派の江崎真澄を横滑りさせ権力基盤の強化を図る。翌一九七八年七月ボン・サミット、八月日中平和友好条約の締結と、外交面で得点をあげていく。ボンでは七％成長とODA（政府開発援助）の拡充を約束し、日中平和友好条約では、反対の強かった中国が求めるソ連を対象とした「覇権反対」条項について、「両国はいずれの地域でも覇権を求めるべきではなく、また覇権を確立しようとする他のいかなる国による試みにも反対する」と中国に譲歩する一方、この条約は「第三国に対するものではない」との条項を入れることで日本の立場を守り、成立にこぎつけた。福田が唱えた「全方位平和外交」の成果であった。

自信を深めた福田は、「世界のなかの日本」を口にし、さらには「世界の福田」を誇示するようになった。しかし、イラン革命による中東情勢の流動化、中国のインドシナ介入は、その前途に暗雲を漂わせた。

第4章　大平政権の軌跡

1　宰相大平正芳の誕生

福田との対決へ

福田赳夫と大平正芳の提携も長くは続かなかった。福田は二年経ったら首相の座を禅譲するという大平との約束を忘れたわけではなかったが、二つのサミット、日中平和友好条約締結など外交で得点をあげ、総理・総裁として自信を深めるにつれ、翌一九七九（昭和五四）年六月に予定された東京サミットを自らの手でやり遂げたいと思うようになっていた。

そもそも一片の紙きれが政権の帰趨《きすう》を決めることになれば、それは政権を私議するものにほかならず、国民に対する背信行為ともなる。福田は自らの政権を振り返り、強い自負をもって次のように述べている。

私は「協調と連帯」を基本理念に、政治主導で二年間にわたり精一杯、日本丸の舵を取った。この間、私は資源有限の認識の下で物価の沈静と静かで安定した経済成長を目指して景気の回復につとめた。参院選を乗り切り、次々に懸案を処理しながら、私はわが日本国を国際舞台に押し上げることができたと思っている。

私は米国との緊密な関係を維持する中で、二回にわたる先進国首脳会議を通じて国際協調の必要性を説き、保護貿易の危険性を指摘した。こうした努力によって、私は自由主義経済体制のスクラムを維持しながら「世界の中の日本」の地位を不動のものにすることができた、と自負している。資源・エネルギーの分野でも、米国との核融合エネルギー協力開発の体制を確立して、私は二十一世紀に向けた日本への道筋をつけることができた。

こうした実績が国民に評価され、福田政権後期には保守回帰の傾向が顕著になり、自民党支持の理由に「安心できるから」が増えてきた。「さあ働こう内閣」が国民から評価され始めたころ、二年間の自由民主党総裁の任期が近付いてきた。私はこの路線を定着させ、自民党安定政権の礎をさらに一歩進めたいものだ、と考えていた。

(『回顧九十年』)

一方で、福田は大平に会うたびに「来年のサミットはあなたにやってもらいます」「大平擁立の推薦人にはわたしがなる」（森田一証言）と、囁《ささや》くことを忘れなかった。

衆議院の解散をめぐる大平と福田の攻防は、次第に二人の関係にほころびを生じさせた。福田は、参議院選挙の余勢をかって、総選挙で勝利すれば、政局の安定をはかることができる。しかも、総選挙の勝利は、国民が福田を支持したことになり、ひいては密約の効力を薄め、続投を保証することになると期待した。

これに対し、大平は幹事長でもあり、党利に基づく名分のない解散はできない、参議院選挙で党は疲れており、選挙資金もないと反対した。何より、総選挙からまだ一年も経っていなかった。

一九七八年総裁選

大平と福田、互いに譲らないなか、一九七八年一一月、初めての自民党総裁予備選挙が行われた。三木の置き土産であった。予備選挙には、大平、福田のほかに、中曽根康弘と河本敏夫が名乗りをあげた。

大平は立候補に当たって、次のように呼びかけた。

時代は急速に変貌しています。

そして長く苦しかった試練を経て、ようやく黎明《れいめい》が訪れてきました。あたりはまだ闇《やみ》でも、頭をあげて前を見れば未来からの光がさしこんでいます。後を向いて立ちすくむより、進んでその光を迎え入れようではありませんか。

（「政治に複合力を」一九七八年一一月、『永遠の今』）

大平はさらに主張した。「均衡のとれた国家をつくるために、一つの戦略、二つの計画、つまり総合安全保障戦略と家庭基盤の充実計画、地方田園都市計画を基本政策とする」と。対して福田は、経済の安定こそが自らに課せられた重大使命だとし、活力ある、同時に住民の参加と連帯を通じ特色ある地域づくりをめざすとした。外交面では、平和国家に徹し、今後ともいずれの国とも友好を求める全方位外交を展開するとした。

中曽根は、「新しい保守政治の出発」をスローガンに、憲法改正、有事立法問題などタブーに挑戦する力強い政治を行うとした。

河本は三木武夫の後継者らしく、脱官僚支配を掲げ、行政の簡素化と地方自治の確立、三木内閣時代のライフサイクル計画の具体化に加え、教育の自由化、多様化、国際化を促進するとした（『朝日新聞』一九七八年一一月一日）。

四候補の「政見」について、『朝日新聞』（同前）は、特に安全保障と地方自治の二つの問題で、大平と河本、福田と中曽根の二つに分け、その違いを説明する。

前者については、四人とも「総合安全保障」という言葉を使うが、福田と中曽根は他国からの防衛だけでなく、資源・エネルギー・食糧から地震など「国民生活を困窮や災厄から守る」より広義なものと解釈しようとしている。対して大平と河本は、日米安保・自衛力のほかに政治・経済・文化の総体の力で「日本はいい国だ」と思わせることが外国に侵略する気を起こさせない、つまり安全保障だとしている。また、福田が文化を「守る対象」としてとらえているのに対し、大平は「守る力の一環」として位置づけている。

後者の地方自治については、大平・河本が自治体の機能を重視し、中央政府から自治体へ権限や行政機能を大幅に移すことを主張しているのに対し、福田・中曽根は、地方都市を中心とした定住圏を説きながら、その主体を中央政府が担うという姿勢から踏み出していないとする。

大平はさらに憲法改正について、「改憲論議は結党以来の問題だから、あってもよいが、いま国民的コンセンサスが熟しているとは思えない」と否定し、有事立法問題についても、「軍事力だけを偏重する考えはとらない。自衛隊法と関連法に不備があるなら、改正にやぶさかではないが、私は現行法で有事に対応できると思う」と、積極的姿勢を示す福田や中曽根との違いを見せた（『朝日新聞』一九七八年一〇月二八日）。

予備選挙は、従来の国会議員と都道府県代表だけでなく、一般党員による投票で選出し、その上位二名によって本選挙を行い、総裁を選ぼうというものであった。「あなたの一票で総理大臣を選べます」という宣伝は功を奏し、党員一五〇万、党友一七万と三・三倍となった。ただ、この党員たちの大部分は各議員の後援会員や後援企業の従業員らで、しかも投票資格とされた党費も議員の立て替えが多かった。また党員集めは、議員たちの派閥への忠誠心を試すものとなった。予備選挙は結果として、末端にいたるまでの派閥の系列化を推し進めることになったのである。

「大平不振」の予想

当初メディアの予想は、現職の福田が圧倒的に有利というものであった。『朝日新聞』(一九七八年九月二三日)は福田第一位、大平第二位と、『読売新聞』(一九七八年一〇月一〇日)は福田過半数、中曽根急迫、大平不振と報じた。予備選での一位を確信した福田は、「二位となったものは本選挙を辞退すべきである」と余裕すら見せた。

これに対し、大平は田中派の全面的支援を得て、参謀に鈴木善幸を据え、本選挙をめざす作戦を立てた。「大平・田中」連合は、持ち点(党員一〇〇〇人について持ち点一点が与えられる。全国の持ち点は一五二五点で、東京の一〇二点を含め三都道府県で合わせて二一八点)が多く、しかも大平の苦戦が伝えられる東京、北海道、埼玉の三都道県を最重点地区として、二位に食い込む作戦を立てた。たとえば、東京では大平派の国会議員は一人も存在せず、一位福田、二位に中曽根が予想されていた。だが、首都で指揮を執ったのは、田中派の一年生議員であるが内閣官房副長官を務め「カミソリ」と評された、後藤田正晴であった。後藤田は東京の航空写真を手に、田中派の議員秘書団の協力を得て、徹底した戸別訪問と電話作戦で票の獲得に動いた。

一一月二七日、結果は、二五府県で大平が一位となり、東京・埼玉でも二位に食い込み、予備選は予想を覆し大平の圧勝に終わった（各県の状況については、次ページの図参照）。

大平　正芳	五五万	八九一票	（七四八点）
福田　赳夫	四七万二五〇三票		（六三八点）
中曽根康弘	一九万七九五七票		（九三点）
河本　敏夫	八万八九一七票		（四六点）

福田は「天の声も、たまには変な声がある。敗軍の将、兵を語らず」という名言を残し、本選挙を辞退した。同時に「総理・総裁は辞めたが、政治家を辞めたわけではない。『昭和の黄門』として全国を駆けめぐる。清く、正しく、たくましく、自民党をこんな風に作り上げたい」（福田『私の履歴書』）と、権力への執念を語った。

総裁に選出され涙ぐむ大平（右），敗れた福田
（1978年12月1日）　自民党臨時大会で

総裁選予備選挙の開票結果

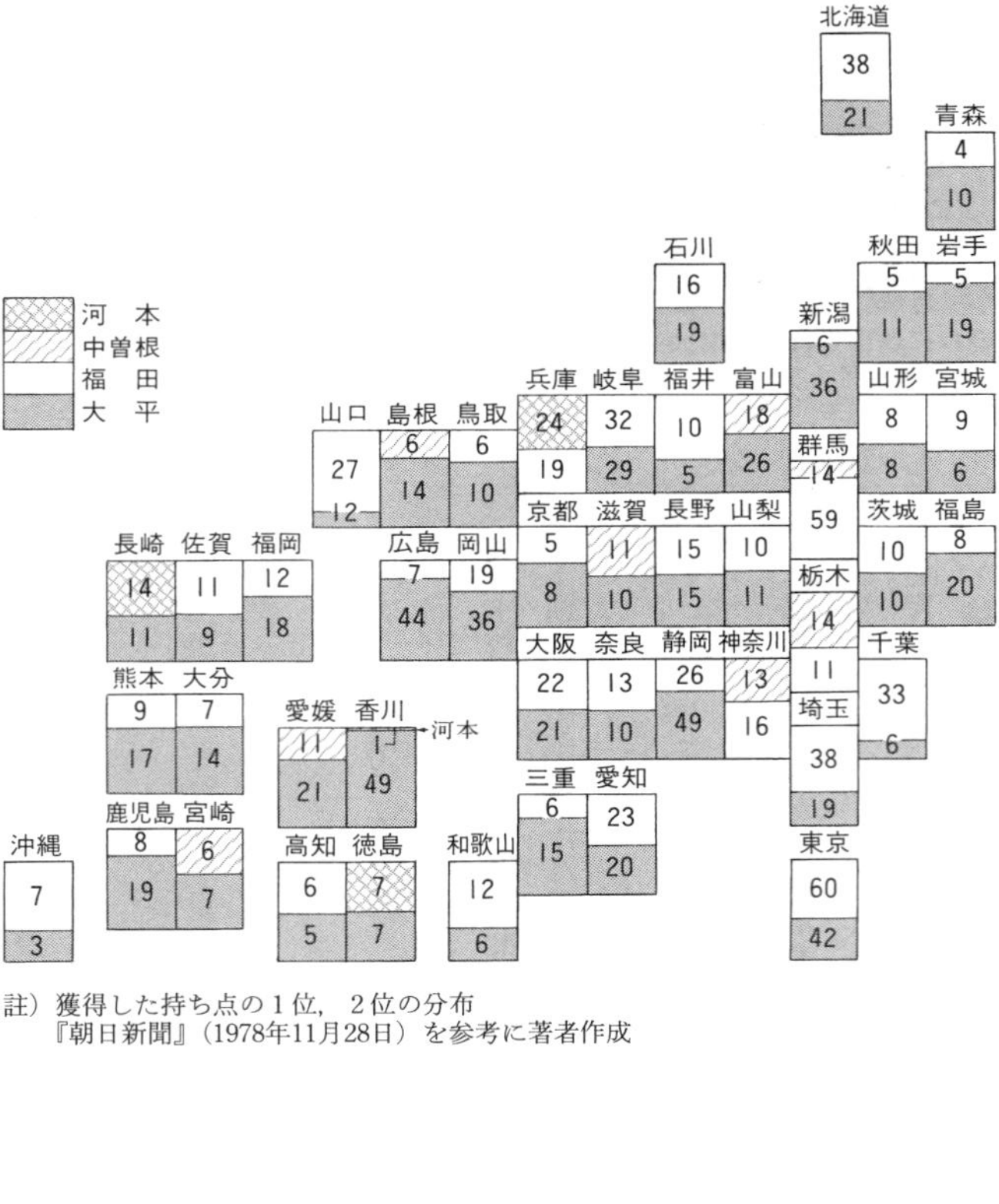

註）獲得した持ち点の１位，２位の分布
『朝日新聞』（1978年11月28日）を参考に著者作成

他方大平は、「一瞬が意味のある時もあるが、十年が何の意味ももたない時もある。歴史とはまことに奇妙なものだ」（『人と思想』）とつぶやいた。宏池会会長になってから約八年、田中、三木、福田といつも比較されながら、大平は「三角大福」の最後のランナーとして、ようやく総理の座を射止めたのである。

大平政権の誕生

一九七八年一二月七日、大平内閣が誕生した。だが田中派の力を借り、首相の座に就いたことが、こののち大平の肩に重くのしかかってくることになる。

当初大平は幹事長に腹心の鈴木善幸を充てようとしたが、田中に近い鈴木を嫌った福田、三木、中曽根の反主流三派が三木内閣成立時の取り決めである「総幹分離」を盾に強く反対に出た。結局幹事長には、大平派ではあるが鈴木より田中色の薄い斎藤邦吉《くにきち》が就いた。副総裁には西村英一《にしむらえいいち》（田中派）が就き、総務会長倉石忠雄《くらいしただお》（福田派）、政調会長河本敏夫（三木派）と、大平は三木・福田両派に譲歩した。首相の補佐役である官房長官には、腹心の田中六助が就いた。外相には先述の五者会談以来大平に好意的で、福田派内で孤立しはじめていた園田直が留任した。永野重雄、今里広記《いまざとひろき》ら財界首脳は「大福一体」による政局の安定を求めて福田赳夫を推したが、大平は外交の継続性を保つとして、頑として首をタテに振ることはなかった。蔵相には、大平派で大蔵省の後輩でもある金子一平を充てた。

第1次大平内閣（1978年12月7日） 初閣議後．大平の左には大平政権発足に尽力した園田直

また、大平内閣では、首相補佐官制度が初めて採用され、後述の政策研究会のまとめ役を務めた大蔵省の長富祐一郎《ながとみゆういちろう》のほか、外務省と、通産省から各一名が選ばれた。

かつて総理の座に就いたばかりの池田勇人に、大平は「貴方は東京に出てこられた当時、いつの日か今日の地位につけるものと思っていましたか」と尋ねた。大平のこのときの心中はどのようなものであっただろうか。池田と同様に、大平も「否」と自問したことは間違いないであろう。ただ、池田に「朝に組閣して、夕べに倒れてもやむをえない」と迫ったときと同様に、自らの政権を考えたかは疑問である。

大平は、初閣議後の共同記者会見で、キャッチ・フレーズを「信頼と合意」と定め、辛抱強い説得と理解、信頼と協力によって、より広い国民的合意をめざすとした。そして、次のような覚悟を述べた。

政治と国民との間に距離がないようにできたら一体となりたい。つまり手軽に権力に頼る政治はいけない。国民と一体となって、苦楽を共にする政治が第一と考える。第二は政治が甘い幻想を国民にまき散らすことはつつしまなくてはならない。同時に国民の方もあまり過大な期待を政治に持って欲しくない。両方の理解があれば、実のある政治ができると申し上げたい。

（『朝日新聞』一九七八年一二月九日）

「政治は甘い幻想をふりまいてはいけない、国民も政治に過大な期待を寄せてはいけない」とは、型破りな発言であるが、大平の「小さな政府」の実現への意欲を示したものといえる。そこにはまた、議会制民主主義、自由市場体制、現行安全保障体制について、基本的に国民的合意がすでに形成されているという含意があった。

大平がめざした社会――「文化の時代の到来」

さらに、翌一九七九年一月二五日、施政方針演説で、大平は次のような時代認識に基づいて、めざすべき社会と理念について述べた。

日本は戦後三〇余年、経済的豊かさを求めて、わき目もふらず邁進し、顕著な成果を収めてきた。（中略）しかしながら、急速な経済の成長がもたらした都市化や近代合理主義に基づく物質文明が限界に来ている。いわば、近代化の時代から近代を超える時代に、経済中心の時代から文化重視の時代に至ったのである。

我々が、今日目指している新しい社会は不信と対立を克服し、理解と信頼を培いつつ、家庭や地域、国家や地域社会のすべてのレベルにわたって、真の生きがいが追求される社会であります。各人の創造力が生かされ、勤労が正当に報われる一方、法秩序が尊重され、自ら守るべき責任と節度、他者に対する理解と思いやりが行き届いた社会であります。

その処方箋として、大平は「文化の重視、人間性の回復をあらゆる施策の基本理念に据え、家庭基盤の充実、田園都市構想の推進等を通じて、公正で品格のある日本型福祉社会の建設に力をいたす方針であります」（『永遠の今』）と提示した。興味深いことに、社会党は大平に田園都市構想の実現を迫っている（『朝日新聞』一九七八年一二月五日）。

また、国際情勢については、同じく施政方針演説で「地球社会の時代」と題し、大要を次のように述べている。

国際社会はますます相互依存の度を高める一方、GATT・IMF〔国際通貨基金〕体制など戦後四半世紀にわたって支配的地位を占めてきた国際秩序が大きな地殻変動に見舞われている。また資源問題やナショナリズムによる緊張も高まり、南北間の格差も一層拡大しつつある。こうした国際情勢のなか、いまや日本は世界を「一つの共同体」としてとらえ、世界に対する日本の役割と責任を考える必要に迫られている。

大平は官房長官である田中六助に「これからは二人とも地球儀を頭に置き、腹をつめていこう」（『大平正芳の人と政治』）と語りかけたという。

九つの政策研究会

大平は施政方針演説の準備のために、秘書官に次のような自筆のメモを手渡している。それには、「今日の時代をどうみるか、そのなかにあって政治の役割をどう設定するか。その文脈のなかで経済、文化、教育に関する政策を展開する」と書かれ、次の項目が走り書きされていた。（1）脱経済、経済軽視ではない、（2）確信なき時代―展望、創造が大切、（3）文化重視―生きがい、生活の充実感、（4）脱イデオロギー―既成観念から政治を解放する、の四つである。

9つの政策研究グループ

1	**田園都市構想研究**
	（梅棹忠夫国立民族学博物館館長，1979年1月17日）
2	**対外経済政策研究**
	（内田忠夫東京大学教授，1979年1月17日）
3	**多元化社会の生活関心研究**
	（林知己夫統計数理研究所長，1979年2月24日）
4	**環太平洋連帯研究**
	（大来佐武郎日本経済研究センター会長，1979年3月6日）
5	**家庭基盤充実研究**
	（伊藤善市東京女子大学教授，1979年3月19日）
6	**総合安全保障研究**
	（猪木正道平和・安全保障研究所理事長，1979年4月2日）
7	**文化の時代研究**
	（山本七平山本書店店主，1979年4月9日）
8	**文化の時代の経済運営研究**
	（館龍一郎東京大学教授，1979年4月11日）
9	**科学技術の史的展開研究**
	（佐々學国立公害研究所長，1979年5月30日）

註）人名は議長．肩書きは当時．年月日は第1回の会合が開かれた日

大平は首相就任にあたって、このメモにあるように、確信なき時代の展望を切りひらくために九つの政策グループを立ちあげた。

当初、大平が研究会のまとめ役である長富祐一郎首相補佐官に指示したのは六ないしは七であった。大平自身は、「田園都市」と「家庭基盤充実」を一緒にや

りたいと考えていたが、自民党側から後者を別個にという注文がつき、また諸方から寄せられた意見・注文を踏まえ、最終的に九つになったという。

これら政策研究グループの運営および内容について、大平は一切注文をつけなかった。ただ一つ、「この試みは大平首相個人のあるいは大平内閣のためでもなく、二一世紀を展望した長期的、総合的な観点に立って、これからの日本にとって必要なことを、たとえそれが現在の政府の見解と違ったものであっても結構であるから、自由に討議し、提言してもらいたい」（『人と思想』）との希望を述べたのみであった。

大平が組織した政策研究会を発足順に並べると、表の通りである。座長（議長）の選任は、大平のブレーンである東京大学教授の佐藤誠三郎《せいざぶろう》、公文俊平《くもんしゅんぺい》と学習院大学教授香山健一《こうやまけんいち》の三名を中心に進められたが、大平も強い関心を示し、梅棹忠夫《うめさおただお》、大来佐武郎、内田忠夫らは彼の指名であった。また、彼は研究会のメンバーの条件として、在野の碩学《せきがく》を集めること、三〇歳代から四〇歳代の二一世紀にかけて第一線で活躍できる人びとを選ぶよう指示したという（メンバーについては巻末資料参照）。しかし、その具体化に着手する前に、大平は政争の渦に翻弄されることになった。

この九つの研究会のうち、大平の生前に報告書を提出できたのは、対外経済政策研究グループ（一九八〇年四月二一日提出）、環太平洋連帯研究グループ（同五月一九日）、家庭基盤充実研究グループ（同五月二日）の三つであり、他は大平の死後、急遽予定を繰り上げてとりまとめられ、七月に伊東正義総理臨時代理に提出された。

研究グループの意図

各研究会の報告書はそれぞれ深い示唆に富んだものである。ここでは、大平の施政方針演説やそれぞれの研究会でなされた挨拶などを手掛かりに、彼の意図するところを整理しておく。

前述のように、大平は一九七二年七月、初めて自民党総裁選挙に出馬するに当たって、「戦後の総決算」「脱吉田」を唱えた。そこで彼は、日米関係をグローバルな観点から見ること、高度成長後の新しい人間と社会の関係の創出を謳った。このときから六年半あまりの時を経て、大平はこうした考えを研究会の設置でどのように展開しようとしたのか。

九つの研究会は大きく分けて、大平が施政方針演説で示した（1）「地球社会の時代」、（2）「文化の時代」、そして従来からの主張である（3）「地方の時代」にそれぞれ対応する。

（1）「地球社会の時代」は、総合安全保障、環太平洋連帯、対外経済政策の三つが対応する。総合安全保障では、大平は自衛力と日米安保条約というこれまでの軍事に重点を置く考え方に、非軍事的な要素——経済的アプローチ、さらには教育・文化などによるアプローチの可能性と重要性を探ることを求めた。

また、環太平洋連帯では、日米安保を基軸とする安全保障に加えて、アメリカ、東南アジア諸国、オーストラリアをはじめとする太平洋地域の国々と、政治・外交・経済・文化を含むすべての領域にわたるコミュニティづくりへの展望を語った。

そして、対外経済政策では、日米の経済関係の調整を含め、国際社会に受け入れられる経済運営の必要性を示唆した。

（2）「文化の時代」は、文字通り文化の時代、文化の時代の経済運営、科学技術の史的展開の三つが対応する。

文化の時代では、大平が一九六〇年代半ばから自問自答してきた西洋思想と東洋思想という東西文化の混淆のなかから、日本人自身がいかに「誇りと自信をもち得る固有な日本思想」を持つことができるか、それが二一世紀の未来に向けてどのような役割を果たすかの議論を求めた。

また、文化の時代の経済運営では、中央主導の経済運営を改め、地域や民間の活力を生かし、「小さな政府」を実現させ、経済や国民生活の量から質への転換を行う方向性を示した。

そして、科学技術の史的展開では、欧米先進諸国からの科学技術の輸入に依存することなく、日本独自の科学技術を開発し、人類社会の発展に一層貢献を行っていくことを求めた。

最後に、（3）「地方の時代」であるが、これは田園都市構想、家庭基盤充実、多元化社会の生活関心の三つが対応する。

大平は、田園都市構想と家庭基盤充実について、「文化の重視、人間性の回復をあらゆる施策の基本理念」とし、家庭・地域・国家のすべてのレベルにわたって、真の生きがいを作りだす、新しい国づくり、社会づくりの道標になるよう求めた。

田園都市構想は、すでに見たように都市の持つ生産性と田園の豊かな自然、潤いのある人間関係を結びつけたゆとりある都市を示している。経済のみならず教育・文化・医療・福祉など人間の営みを広くとらえ、人間の内面的なものに踏み入ることで、経済成長の持続という前提を消している。

他方で、家庭基盤充実では、経済成長によって生まれた核家族化の進行や高齢化などを問題にし、家庭の対応について議論を求めた。大平は、家庭が経済や社会制度上の不備を十分に吸収できる対応力を持つ必要があるとし、日本人の持つ自立自助の精神、相互扶助の仕組みなどを十分に守りながら、生活の質を向上させて落ち着きと思いやり、ゆとりなどがある家庭を実現することができると考えていた。

もちろん、大平は「政治が家庭に介入するようなことは、なすべきことではないし、政府が、望ましい家庭のあり方などを示すことは適当でない」(『永遠の今』)と釘を刺す。政府の役割について、家庭基盤を充実する総合的計画を策定し、雇用・老齢・健康・住宅・余暇・文化・教育などに適正な施策を行い、日本的な弾力性と複合力を十分に機能させる環境を整えるものに限定した。

田園都市構想と家庭基盤充実という二つの構想を前提に、大平はこれに適正な公的福祉を加味した公正で活力ある日本型福祉社会を展望していた。

そして、最後に多元化社会の生活関心については、経済の時代から文化の時代へと移行するなかで、多元化した国民のニーズや関心をどうとらえ、それをどうくみ取りどう政策に生かしていくかを求めた。

以上、研究会を大きく三つに分けてみたが、それは決して雑然とつくられたわけではなく、互いに有機的に密接に関連していた。すべての基底には、現代が経済の時代から文化の時代への転換期にあるという認識があった。いずれも、真の幸福あるいは生きがいという価値を前提に、文化的アプローチが強調されている。

2　波瀾の船出

第二次オイル・ショックとダグラス・グラマン事件

大平内閣は、『朝日新聞』の世論調査で支持率四二％と、まずまず順調な滑り出しをみせた。

だが、政権は出発早々荒波を受ける。まず襲ったのが、第二次オイル・ショックである。政権発足から三日後の一九七八年一二月一〇日、イラン革命が起こり、イランの原油生産が停止。OPECが原油価格の引き上げに踏み切り、各国が石油買いに走るなか石油価格が暴騰した。欧米各国では一〇%を超えるインフレがもたらされた。だが、日本経済に対する影響は、省エネルギー政策の浸透などの第一次オイル・ショックでの学習効果、企業の合理化効果などにより、前回ほどひどいものとはならなかった。日本の場合、インフレ率も一九八〇年で七・八%、失業率も二・一%であり、消費者物価は一九七九年度で前年比五%増となったが、八〇年には下降しはじめている。

第二の荒波は、ダグラス・グラマン事件である。構図は、ロッキード事件と同じであった。一九七八年一二月半ば米証券取引委員会は、ダグラス社の海外不正支払いに関して連邦地裁に告発、さらに翌七九年一月にはグラマン社についても報告書を公表、同様に告発した。このなかに日本での不正支払いも含まれ、一部の金が政府高官に渡ったとされた。大平は事件解明で、「アクセルは踏まないし、ブレーキもかけない」という姿勢に終始し、「はしゃぎ過ぎ」と言われた三木と異なる対応をみせた。一九七九年五月には「航空機疑惑問題等防止対策に関する協議会」の設置を決めた。ただし、協議会から出された提言は結局店ざらしにされ、政治浄化に対する大平の消極的姿勢がみえる。

この間、一九七九年度予算案は、議会における与野党伯仲状況を反映して立ち往生していた。竹入義勝公明党委員長、佐々木良作《りょうさく》民社党委員長は政府・自民党に、「パーシャル連合」の実をあげるために、予算案の修正を求めてきた。これに対し、社会党は公民にだけ予算修正でサービスするなら、修正案について本会議、予算委員会双方で徹底審議し、予算の年度内成立を不可能にしてみせると反発した。

つづいて公民両党は、予算書の書き直し、つまり形式修正を予算案賛成の条件としてきた。言うまでもなく、予算書の書き換えには修正作業や修正された予算案の衆院本会議可決に相当の日数がかかる。

政府・自民党の大勢は公明・民社の体制内化を促進するために、予算の形式修正もやむなしという考えだった。だが、大平はパーシャル連合を組むには時期尚早であるとして、予算書の書き直しを拒否した。この結果、予算案は衆議院予算委員会で一票差で否決され、本会議で一四票差の「逆転可決」という異例のかたちで通過した。政府予算案の逆転可決は、芦田均内閣以来実に三一年ぶりの出来事であった。しかし、大平は予算の実質修正では自公民路線を一歩前進させる。予算書き換えを拒否することで社会党の反発や党内反対派の批判を回避し、社公民それぞれの顔をたてたのである。

元号法案も、扱い方を間違えば、大火傷《やけど》しかねない厄介な問題であった。社会・共産の両党は、憲法の精神を否定するとして反対し、世論も法的に強制することについては批判的な声が多かった。大平は時間をかけ、野党と世論の軟化を待ち、その成立を図った（六月参議院本会議で成立）。四月には靖国参拝を行った。クリスチャンとして、大平が積極的であったとは思われないが、三木と同様に、党内右派との融和を図ったといえよう。

そして、大平は自公民路線で、一九七九年四月の統一地方選挙に臨んだ。その結果自民党は、公民両党と鈴木俊一《しゅんいち》を東京都知事に当選させ、三期一二年にわたる美濃部亮吉《りょうきち》革新都政に終止符を打ち、大阪でも、共産党推薦の黒田了一《くろだりょういち》を破って、岸昌《さかえ》を大阪府知事に当選させた。全国の一五の知事選挙でも、自民公認ないし推薦の候補者を全員当選させ、「革新自治体の時代」は終焉を告げた。一九七七年参院選に続く勝利は、党内に国政選挙でも勝てるとのムードを生み出していく。

訪米――「同盟国」発言

予算を仕上げ、地方選挙を勝利のうちに終えた大平は、一九七九年四月末、訪米の途についた。もともと大平は、歴代首相が最初の外遊先としてアメリカを選ぶことに「参勤交代でもあるまいし」(『池田勇人とその時代』)と批判的であり、必要があれば行くがといった程度の、消極的態度を示していた。しかし、六月末の東京サミットを控え、電電公社(現NTT)などの政府機関調達開放問題、福田内閣期の七%成長にこだわらないとの発言など経済問題で波風が立っている日米関係を修復し、アメリカ側と事前に意見を交換しておく必要があった。また総合安全保障の軸の一つ、日米安保の忠実な履行という理念を満たすためにも必要であった。

五月二日ホワイトハウスで、大平と顔を合わせたカーター米大統領は、いきなりこう切り出した。

私が日本であなたと初めてあったとき、帰り際に私は「こんどはホワイトハウスで会いましょう」と言ったのだが、あなたは「総理大臣として会おう」とは言わなかったですね。でもこうしてここでお会いできてハッピーですよ。

（『伝記編』）

大平とカーターは初対面ではなかった。大平は三木内閣の蔵相時代、日米欧委員会に出席するために来日したカーターと会っていた。

会談で、カーターは「日本は、米国がアジア政策を実施して行く上でのコーナーストーンである」と、日本重視の考え方を表明した。これに対し、大平は「我々は、豊かな物質的、技術的資源のみならず精神的な糧を共有している。（中略）かけがえのない友邦であり同盟国である米国との緊密で実り豊かなパートナーシップを通じて、日米両国は遂行すべき任務を共有している」（『大平政権・五五四日』）と応じた。

この発言は、日本政府がアメリカに対して公式に「同盟国」という言葉を使った最初として知られている。「同盟」という表現で、大平は自由主義諸国が直面している危機と、その運命を左右するアメリカの責任を指摘し、日本がアメリカをどこまでも支持するという意志を表明したのである。

大平はさらに、次のように述べたという。

大統領閣下、現在、自由主義国家は、多くの困難に直面している。おそらく第二次大戦後最大の危機でしょう。その自由主義国家の中心に大統領ご自身が座っておられるのです。閣下の一挙手一投足は、アメリカの運命に関連するばかりでなく、自由主義国家のすべての運命を左右するものとなっております。（中略）日本は良きにつけ悪しきにつけ、どこまでもアメリカを支持し、良きパートナーとしての役割を果たします。

（同前）

会談後出された共同声明では、日米の協調行動が謳われた。それが「イコール・パートナーシップ」から「プロダクティブ（日本文では「実り豊かな」）・パートナーシップ」の構築へと転換したことは、一九八〇年代の日米関係が新たな段階に入ったことを示していた。合意事項には、電電公社などの政府調達開放問題について六月末の東京サミットまでに決着をつけること、今後日米間の経済問題を話し合う外交官OBや学者専門家から構成される日米賢人会議を創設することなどがもられた。

五月七日、大平はアメリカから帰国すると、休む間もなく九日にはフィリピンのマニラに飛び、第五回国連貿易開発会議（UNCTAD）総会に、日本の首相として初めて出席した。

総会での演説で、彼は「人材の育成」を開発途上国に対する日本の援助政策の基本にすると強調した。大平は日本が南北問題、アジア外交を重視していることを印象づけ、東南アジア各国の考え方を先進国代表に伝えることを約束したのである。

東京サミット

一九七九年六月二八、二九の両日第五回先進国首脳会議、いわゆる東京サミットが開かれた。会議には、カーター米大統領、ジスカール・デスタン仏大統領、シュミット西独首相、サッチャー英首相、アンドレオッチ伊首相、クラーク・カナダ首相、そしてジェンキンスEC委員長が出席した。大平にとって蔵相時代、第一回のランブイエ会議、そして第二回のプエルトリコ・サンファン会議以来のサミットへの参加であった。今回は主催国首相として議長を務めることになっていた。

この会議直前にOPEC総会が石油価格の大幅値上げを決定したという知らせが届いたことで、会議はオイル・サミットの観を呈しはじめた。主要先進七ヵ国はそれぞれの国の経済の安定的舵取りと同時に、石油の輸入抑制の目標を具体的に示し石油消費節約への協調体制を作り出す必要に迫られた。その調整が困難を極めるであろうことも予想された。また日本国内からは、外務・大蔵・通産などの関係省庁はもちろん、財界および労働界などからさまざまな要求が寄せられていた。

東京サミット（1979年6月28日） 左端からカーター米大統領，大平．右端にサッチャー英首相

会議は予想通り、冒頭から石油問題の調整をめぐって難航した。大平の開会宣言直後、ジスカール・デスタン仏大統領はいきなり「先進国七ヵ国は一九八五年の石油輸入量を七八年の実績以下に抑えるべきである」と提案した。この提案にアメリカ、イギリス、西ドイツがすぐさま同意した。

四ヵ国の間で、すでに筋書きについての申し合わせができていた。大平は驚きを隠せなかったが、世界経済の発展にも責任を果たせなくなるとして即座に拒否した。つづいてイタリアとカナダがフランス案に同意するにおよび、日本は六ヵ国相手に孤立することになった。

この案では、一九八五年の日本の石油輸入量は一日あたり五四〇〇万バレルとなり、策定中だった「新経済七ヵ年計画」に必要とされた七〇〇万バレルをはるかに下回り、石油を産出しない日本の経済は成り立たなくなる恐れがあった。瀬戸際に立たされた日本は裏面でアメリカの説得に当たり、何とか協力を取りつけた。

昼食をはさんで開かれた午後の会議で、大平は一九八五年の石油輸入規制に日本も応じると発言し、輸入総量を六三〇万バレルから六九〇万バレルの範囲を超えないようにするという妥協案を示した。これに真っ先に賛成したのがカーターであった。カーターの援護もあり、ジスカール・デスタンも「なるべく下の目標になるよう努力してもらいたい」との条件付きで、賛成に回った。

大平は何とか参加国全員の合意を得ることに成功し、会議は「東京宣言」を出して終了した。エネルギー問題が、宣言文の三分の二を占めていたことは、その重要性を示していた。

3　苦闘の宰相

一般消費税導入の主張

サミットを乗り切った大平は、一九七九（昭和五四）年一〇月、総選挙に打って出た。一九七七年の参院選挙、七九年四月の地方選挙でまずまずの勝利をおさめ、与野党伯仲状況を解消するチャンスと考えたとしても不思議ではない。しかし、それは結果から見ると、過信であった。このとき大平は愚直に、赤字国債を処理し財政再建を図るために、一般消費税の導入を国民に訴えた。

まず一月、伊勢参宮の記者会見で、「財政改善のために、一般消費税を導入する。導入は昭和五五〔一九八〇〕年度からとし、五四年度は、そのために諸般の準備を整えることにしたい」（『朝日新聞』一九七九年一月五日）と述べ、五日の閣議で、一九八〇年度からの導入を決定した。さらに同二五日、第八七通常国会の施政演説で、「一般消費税の導入など、税負担の問題についても、国会の内外において論議が深まることを望んでいる」と敷衍《ふえん》した。増税は国民の最も嫌がる政策である。以後、消費者団体はもちろん、財界も含めて反対の合唱が大平を取り囲む。

党内からも反対の火の手があがった。七月七日、自民党内に二一四名が参加して財政再建議員懇談会ができ、一般消費税反対の気勢をあげたのである。しかし、大平は屈しない。九月三日国会で、「昭和五九〔一九八四〕年度には、赤字国債からの脱却を基本目標とする。そのために、第一に本年度予算から公債発行の絶対額を圧縮し、税の自然増収は国債減額にあてる。第二は、税負担の公平化をはかる。第三は、不足財源は国民の理解を得て、新たな負担を求めることにせざるを得ない」と改めて強調した。

九月七日、大平がはっきり一般消費税の導入に踏み切ったとみた社会、公明、民社の三党は共同で大平内閣不信任案を衆議院に提出した。これを受けて、大平は衆議院を解散したのである。総選挙は九月一七日公示、一〇月七日投票となった。遊説先で、大平は導入発言を続ける。

「インフレ防止の決め手は、赤字国債の発行をやめ、財政危機を克服することである」「一般消費税導入に反対の強いことを知っている。こうした事実を考慮したうえ、来年度予算編成までに国民の納得のいく結論をえたい。問題は赤字国債解消による財政再建であり、他の手段があるなら消費税導入は避けたい」

しかし、衆院解散の翌八日、日本鉄道建設公団の組織ぐるみの不正経理問題（カラ出張など）が明るみに出、さらに環境庁から郵政省・大蔵省に飛び火した。財政再建――増税の必要性を掲げる大平にとって、税金の無駄遣いに対する国民の反発は半端でなく、マスコミの「公費天国」キャンペーンは火に油を注ぐものとなった。野党の攻勢は止むことなく、「大平の増税隠し」と非難し、一般消費税導入が総選挙の焦点としてクローズアップされてきた。野党のみならず、自民党内にも「増税では選挙は戦えない」との不満が高まるなか、投票の一〇日前、九月二六日に大平もついに導入の断念を余儀なくされた。

衆院選の敗北

選挙の結果、自民党は二四八議席の過半数割れの敗北に終わった。消費税問題が逆風となったことは否めない。社会党は一六議席減の一〇七、公明党が五七議席の微増、共産党が一七議席から三九に回復、民社党が六議席増の三五、新自由クラブが一七議席から四に激減した。

一〇月八日、大平は「予想以上に厳しい審判だった。政策の打ち出し方、選挙の準備態勢が運動面で、至らぬところがあった」(『朝日新聞』一九七九年一〇月九日)と、増税路線が敗因であることを認めざるを得なかった。しかしなお、選挙結果の責任については、「政治全体に重い立場にあり、誰よりも深刻に受け止めている。この結果をふまえた上で、国民の意思がどういうところで表れているかを掌握して、これからの施政の上で生かしていく」(同前)と、引き続き政権を担当する態度を表明した。大平はまず、無所属の一〇名を入党させて過半数を確保し、翌九日の閣議で引き続き政権担当の決意を述べた。

一方で大平が、結果に強いショックを受けたことは間違いない。身の処し方について逡巡したこともたしかであろう。弱気になりがちな大平を励ましたのは、鈴木善幸、田中六助、伊東正義ら側近たちであり、盟友田中角栄であった。大平自身は次のように語っている。

僕の地位は重い。辞めたあとでどうなるか。自民党内の過半数の支持を得ている僕が辞めれば、また振り出しに戻る。いまでさえ混乱しているのだから、まして振り出しに戻れば、特別国会で首班指名ができないことにもなりかねない。僕は辞めたくないから辞めないいんじゃない。「大平はしつこい」と言われるが、むしろ、あっさりしているんだよ。公人としての立場を考えると辞めるわけにはいかない。

(『権力の病室』)

この日から、大平のつらい日々がはじまる。

「四〇日間抗争」

総選挙の敗北は、自民党内の大平批判に火をつけた。

一〇月八日、三木が早くも「政治にはけじめが必要だ」と責任追及の声をあげた。自民党総務会でも、福田派・三木派の議員たちがあからさまに大平の辞任を求めた。一一日、福田に近い中川一郎ら自由革新同友会が、大平退陣を要求する狼煙《のろし》をあげた。福田を先頭に、三木、中曽根らが大平の退陣を要求、いわゆる「四〇日間抗争」に突入した。

これに対し、大平は一〇月一五日から一七日にかけて、三木、中曽根、福田と会談を重ねた。一七日の福田との会談は、次のように伝えられている。

福田「きょうは君がキリスト、私は神だ。ひとつキリストと神との裸の会談をしよう。時局は重大であり、まかりまちがえばイタリアのようになるかもしれない。（中略）混乱の原因は責任論と事態収拾をごっちゃに考えていることだ。分けて考えるべきだ。第一の責任論は簡単である。総選挙の結果、すなわち国民の審判の重さを踏まえ、かつ国民にわかりやすい処置を進言する」

大平「それは私にやめろという意味か」

福田「おそれ多いことだがね」

大平「総選挙の結果を見て私にやめろ、というほどの責任が国民的判断で下されたとは思わない。……これから難問が山積しているので、全力投球で解決にあたるのが責任を果たすことになる。党の機関で私にやめろと言わない限り、やめることはできない。私にやめろということは、私に責任を放棄せよ、死ね、ということになる。党の機関に移して決着をつけたい」

（『伝記編』）

会談は平行線をたどり、再度の大平・福田会談も決裂する。福田は「私の後を大平氏が継ぐのが自然であり、大平内閣ということについて私は異議を差し挟む考えは全然なかった」と言いつつも、大平によって解散を封じられたこと、そしていわゆる総裁・幹事長分離の約束を違《たが》えたことについて強い不満を表明し、のちに次のように記している。

国民に信を求めて、その信が得られなかったのだ。これに対しては、明快な政治行動をとっていかねばならぬはずだ。私は、大平首相にそのことを率直に申し上げた。つまり、内閣総辞職をするのが筋だということだ。

（『回顧九十年』）

大平との後継をめぐる押し問答ののち、福田は次のように言い放った。

……「君が辞めるということになれば、人材はいくらでもおる。あとの人が相談して決めますよ」と言ったら、「いや、それは福田さん、私に死ねということだ」と、そんなことを言う。
（同前）

党本部で福田と激論を交わし、大平は官邸に戻る。そのときの状況について、官房副長官だった加藤紘一《こういち》は次のように語っている。

突然「加藤君、福田さんは俺に辞めろと言った。しかし、重ねて言うが、次に誰を総理にしたらいいと思う」と、ランランと目を輝かせて聞いてきた。もちろん、当選二回の私に答えられるわけもない。ジッと下を向いていると、「加藤君、言ってみろ」と繰り返す。また黙って下を見ていると、大平さんは暫《しばら》くして、「俺が総理を辞めたら、日本のために総理にすべきは福田さんだろう」と呟いたのだ。私は耳を疑った。たった今まで大喧嘩してきて、どうしてそんな言葉がでるんだろう。（中略）やはり総理大臣になるような人は、肝心な時には恩讐《おんしゅう》も何も超えて、国のことだけを真剣に考えているのだろうと思い至った。
（「我が師・大平正芳に思う」『政治的遺産』）

大平の心中を少し弱気がよぎったとも言えるが、むしろ自らを鼓舞するものであったと言えるかもしれない。晩年大平は色紙に「任怨、分謗」と記すことが多かった。「怨みを受けて恐れぬこと、同僚の誹《そし》りを我も分かつこと」を、どういう思いで書き留めたのだろうか。福田は、総理辞職後の自分の政治行動は「自民党、ひいては日本の政治をゆがめ、汚してきた『金権支配』に対する戦いだった」(『回顧九十年』)と説明しているが、大平に田中の影を見、怨念のマグマを溜めていった。しかし、このことは同一政党から首班指名投票で二人の候補者を出すという異常さの弁明にはならないであろう。「議会の子」を自負する三木も同様である。

一一月六日の衆議院本会議では、自民党から大平と福田の二人の候補者が立つという混乱のなか、首班指名投票が行われた。結果は、次の通りである。

第一回投票

大平	正芳	一三五票
福田	赳夫	一二五票
飛鳥田《あすかた》	一雄《いちお》	一〇七票
竹入	義勝	五八票
宮本	顕治《けんじ》	四一票

決選投票

大平	正芳	一三八票
福田	赳夫	一二一票
白	票	一票
無	効	二五一票

佐々木良作　三六票
無　　効　　七票

決選投票で野党は棄権し、大平は新自由クラブなどの支持を得て、かろうじて政権を維持することができた。仮に野党のいずれかが、福田に投票していれば、福田が首相になったはずである。第一回投票で、大平に票を投じたのは、大平派四九人、田中派五〇人、中間派無派閥の一九人、新自由クラブ四人、田中角栄、橋本登美三郎、渡部正郎のほか、反主流派からも園田直（福田派）、渡辺美智雄《みちお》、武藤嘉文《むとうかぶん》、大石千八《せんぱち》、越智伊平《おちいへい》、粕谷茂、野中英二、木村武千代《たけちよ》の中曽根派の七人、さらに三木派の塩谷一夫《しおのやかずお》、地崎宇三郎《ちざきうさぶろう》の二人がいた。

　この熾烈な権力闘争が、大平の心と肉体を苛《さいな》み、その命を縮めたことはたしかであろう。

首相に選出され一礼する大平（1979年11月6日）
この衆院首班指名決選投票で福田と17票の差だった

第二の出発とソ連のアフガン侵攻

党内抗争は首班指名後もくすぶり続け、党三役人事、特

第2次大平内閣（1979年11月9日） 前列中央が大平

に幹事長人事で紛糾することが予想された。これに対し、大平は党三役人事を固めてから閣僚人事に移るという従来の手順を破り、いきなり組閣に入った。

一九七九年一一月八日、第二次大平内閣が発足した。幹事長を狙う中曽根が蔵相就任を断ったことで蔵相に竹下登を、法相には福田派の倉石忠雄が総務会長から横滑りした。中曽根派からは首班指名選挙で第一回投票から大平に入れた武藤嘉文を農水相に就任させた。官房長官に盟友伊東正義、外相に非議員で「環太平洋連帯研究グループ」の議長であった大来佐武郎を就けた。文相を新自由クラブにという含みで首相兼務としたが、結局大平派の谷垣専一《たにがきせんいち》が就いた。西村英一（田中派）が副総裁に留任し、党三役は幹事長に桜内義雄（中曽根派）、総務会長に鈴木善幸（大平派）、政調会長に安倍晋太郎（福田派）という布陣となった。

しかし、再スタートを切った大平内閣に早くも内外ともに頭を悩ませる問題がふりかかった。内には倉石法相の舌禍事件――ロッキード事件に関係したといわれる人は、私どもと懇意な人たちであり、公明正大で青天白日にならられることを友人として念願するとの発言があり、ＫＤＤ（国際電信電話会社）の乱脈経理が問題化した。外ではイラン米大使館人質事件（一九七九年一一月）、ソ連のアフガニスタン侵攻（一二月）である。中東がきな臭いにおいを漂わせはじめた。

翌一九八〇年一月、大平は第九一通常国会における施政方針演説で、「自由主義陣営の一員」としての自覚を強調するとともに、ソ連のアフガン侵攻について以下のように述べ、その態度を明らかにした。

　ソ連のアフガニスタンに対する軍事介入は、いかなる理由によっても正当化できないものであります。アフガニスタンの国内問題は、同国自身に委ねられなければなりません。我が国としては、ソ連軍の速やかな撤退を求めるとともに、そのための国連緊急特別総会の決議を強く支持するものであります。（中略）それが我が国にとって犠牲をともなうものであっても、それは避けられない。

その上で、アメリカとの連帯を軸に、ヨーロッパその他の友好国との協調のもと、わが国にふさわしい努力を重ねると述べた。具体的には、ＣＯＣＯＭ（対共産圏輸出統制委員会）による輸出規制の強化、パキスタンはじめ周辺諸国の安定を維持するため欧米諸国と協調して経済協力を行うことを約束した。後はそれをどう具体化するかにかかっていた。ただ、大平のソ連観は決して厳しいものではなかった。

アメリカもソ連も愚かな国ではない。ソ連はあの国を守るために多くの血を流した。そのことを民族は忘れていない。ソ連は侵略的な国というが、私はそうは思わない。ただ自己防衛の非常に発達した国ということはいえる。（『大平政権・五五四日』）

イラン問題についても、同年六月にヨーロッパと協調し、対イラン禁輸措置に踏み切り、対米協調路線を演出した。こうして、大平は対米協力を軸とする「西側の一員」としての外交を定着させた。

「環太平洋連帯構想」の展開

大平は第二次内閣発足後も、精力的に外遊を行った。一九七九年一二月中国、翌八〇年一月にはオーストラリア、ニュージーランド、パプアニューギニアのオセアニア三国を訪れた。中国では、大平は鄧小平《とうしょうへい》が進める改革開放路線に協力することを約束し、五〇〇億円の円借款を決めた。中国経済を安定させることで、中国の西側志向を強化する意図が込められていた。オーストラリアでは、太平洋をめぐる地域全体の安定と発展を期するため、環太平洋構想をはじめ関係諸国との間の多角的な協力関係を進めることを、フレーザー首相に提案した。

日米友好を基軸に、アメリカが中南米諸国に、西ドイツがEC［ヨーロッパ共同体。現EU（ヨーロッパ連合）］に、そのECがアフリカ諸国に特別の配慮を払っているように、わが国が太平洋地域諸国に特別の配慮を払っていく。

太平洋地域には、日本、アメリカ、カナダ、オーストラリア、ニュージーランド、ASEAN諸国をはじめ、極めて多くの国が存在している。先進工業国もあれば、発展途上国のなかにも資源の豊かな国、かなり工業化の進んだ国など、発展段階もまちまちである。

したがって、ECのような地域連帯を考えることは現実的でない。アプローチも、協力政策の進め方も、個々に慎重な配慮が必要であり、「緩やかな連帯」となるであろう。

（「政策綱領」）

大平の構想の特色は、第一に、世界に向かって開かれた地域主義であって、決して排他的で閉ざされたものではない。第二に、外に対してだけでなく、内部でも自由で開かれた相互依存関係の形成をめざす。第三に、日本の理念なり思想を一方的に押しつけようとした負の遺産ともいえる大東亜共栄圏構想に対し、地域の文化や歴史や民族の多様性を承認し、そのなかで共生と繁栄を図ろうという点にあった。

アジア重視は、日本外交が常に求めてきたものであり、アジア・太平洋の協力も歴代政権が口にしたところである。かつて池田勇人は、EEC（ヨーロッパ経済共同体）にならって、それに相当する組織がアジアでもできないかと考えたことがある。三木武夫も「アジア・太平洋」という概念で、その連帯強化と協力の重要性を打ち出した。先述の福田ドクトリンも、その延長線上に立つものと考えてよい。

環太平洋連帯構想は、総合安全保障戦略と対をなす。それは「日米友好を基軸」にし、従来の日米関係にとって代わるものでなく、むしろそれを補完し強化するものであった。

一九八〇年九月、日豪合意に基づく第一回環太平洋セミナーが開かれたが、大平はそれを目にすることなく六月に亡くなった。それはやがてPECC（民間主体の太平洋経済協力会議）へと発展し、さらに政府間レベルのAPEC（アジア太平洋経済協力会議）へとつながっていく。

最後の旅

帰国した大平の前に、自衛隊スパイ事件（一月）、浜田幸一のラスベガス賭博事件（三月）と不愉快な事件が続いた。無派閥ではあるが浜田が主流派に近いところから、反主流派にとっては格好の攻撃材料となった。反主流派は、野党に呼応するかたちで浜田の証人喚問を執行部に突きつけ、四月には赤城宗徳を代表世話人とする「自民党刷新連盟（刷新連）」を発足させ、大平政権との対決姿勢を強めた。

四月三〇日、大平はワシントンへ向かい、アメリカ、メキシコ、カナダ三ヵ国を歴訪する。

一九七九年末、アメリカは相次ぐ対外危機に見舞われていた。一一月イランでアメリカ大使館の職員が人質になるという未曾有《みぞう》の事件が起きた。アメリカは相次いで対イラン制裁措置をとったが、日本政府の反応は鈍かった。石油輸入の一五％をイランに頼っていた日本は、革命政権との間で石油プロジェクトを再開したばかりであった。しかも、日本の企業がアメリカの禁輸であまったイラン原油の三分の二を高値で買い占めたことは、アメリカの怒りを買った。そして一二月にソ連がアフガニスタンに侵攻した。これによって、米ソ関係は一気に険悪となり、「新冷戦」と呼ばれる状況に突入していた。こうした中東情勢のなか、翌一九八〇年一月カーター米大統領は、ペルシア湾地域での権益死守を謳った「カーター・ドクトリン」を発表していた。

訪米に先立って大平は、日本記者クラブの昼食会で、「アメリカはもはや大国ではない。そのアメリカが困っている場合、日本として手をさしのべるのは当然のこと」と述べた。四月大平は、対イラン禁輸措置、モスクワ・オリンピック不参加を決め、それを手土産に訪米した。

五月一日、ホワイトハウスで開かれた首脳会談で、大平はカーター大統領に次のように伝えた。

日本は西側諸国の主要国としての責任を果たす。特に苦しい立場にあるアメリカとは「共存共苦」の姿勢で行き、多少の犠牲を払ってもアメリカの立場をバックアップするから、アメリカも平和的手段で問題の解決に努力してもらいたい。(中略)防衛努力増大の要請には、アメリカ側の期待を考慮しながら、予算のバランスの中で積極的に努力したい。

(『大平政権・五五四日』)

大平は、アメリカの防衛力増強の要請に対し、ODAの拡充で応えていくことになる。また、会談での大平の「平和的手段で解決してほしい」という発言に対し、アメリカ側から表に出さないで欲しいとの要望がなされたとき、日本側のスポークスマンであった加藤紘一官房副長官はこれをはねつけた。

このとき大平は加藤を次のように諭した。

きみたちは、アメリカにいろいろ文句を言いたいんだろう。しかし、アメリカという国は、けなげにも自由主義国のリーダーを務めている。もし、アメリカがいなくなったら、どこかがそれをやらねばならない。それがどんなに大変なことか、みんなはわかっていないのだ。（『人と思想』）

ハプニング解散

その後、大平はメキシコ、カナダを訪問したが、五月四日のチトーの死に際し急遽予定を変更し、ユーゴスラヴィアに飛んだ。続けて西ドイツに向かいシュミット首相と会談、一二日間で地球を一周以上回る旅を終えた。五月一一日帰国した彼を待っていたのは、内閣不信任案であった。

五月一六日午後、社会党は内閣不信任案を提出した。解散総選挙を警戒し、渋っていた公明・民社も同調の気配を見せた。これに呼応するかのように、自民党刷新連盟が動き出し、浜田幸一の証人喚問と、KDD問題のため国会に綱紀粛正委員会を設置することを求め、大平の回答を求めた。

反主流派との党内調整が続くなか、午後五時本会議開会を告げる予鈴がなった。

議場は空席が目立った。福田、三木、中曽根、中川ら反主流派の実力者と刷新連の世話人たちは、衆議院第一議員会館の会議室に顔をそろえ、開会を告げるベルが鳴っても動こうとはしなかった。この間、桜内幹事長が二度にわたって説得に赴くが耳を傾ける気配すら見せなかった。会議室では、福田派の森喜朗《よしろう》らも福田を説得したが、福田が首をタテに振ることはなかった。採決寸前、中曽根がいつのまにか議場に姿を現したのと対照的に、安倍晋太郎政調会長が福田の命を受けた森に抱えられるようにして議場を去った。かくして不信任案は、刷新連など与党の一部が同調し、賛成二四三、反対一八七で可決された。自民党内の欠席者は、七三人に及んだ。

大平は同夜ただちに衆院解散の方針を明らかにし、同一九日に解散した。田中角栄が「大平らしくない」と妙な褒め方をした電光石火の行動だった。この結果、かねてより予定されていた参院選挙と衆院選挙が重なり、ここに史上初の衆参同日選挙が行われることになる。

大平内閣の不信任案可決（1980年５月16日） 自民党反主流派が70人以上欠席し，空席が目立つ本会議場

五月二〇日、反主流派は安倍晋太郎、河本敏夫を代表世話人に党再生協議会（再生協）を発足させ、対決姿勢を強めた。しかし、選挙の接近は両者の歩み寄りをもたらした。再生協に結集した議員たちは落選を恐れ、参議院議員たちは派閥横断的応援を必要としていた。財界も、自民の分裂選挙と政局の混迷を恐れ、自民党からの選挙資金要請に対し、党の団結を条件とするなど圧力をかけた。

二二日西村副総裁、桜内幹事長・鈴木総務会長は、再生協代表の安倍、河本、中川一郎と会い、両者の間で選挙休戦の合意がなった。

初の衆参同日選挙――死と「勝利」

一九八〇年五月三〇日参議院選挙が公示され、大平は午前中東京新宿で遊説の第一声をあげた。彼には珍しくボディ・アクションも交えた熱弁であったが、車に戻った表情から疲労の色を隠せなかった。汗で下着はぐっしょり濡れ、秘書たちが懸命に拭《ぬぐ》っても止まることはなかった。午後から横浜市内四ヵ所で遊説をこなし、夕方私邸に戻った大平は胸の苦しみを訴えた。五月三一日午前零時すぎ、大平は秘かに東京の虎の門病院に運ばれ、心臓集中管理室に入った。年明け以降、大平の休日は私邸で休養した三月二二日と翌二三日の二日だけであった。七〇歳という年齢に加え、心臓に持病を持ちニトログリセリンを携行する彼にとって、肉体の限界に近い負担であった。

大平の入院はメディアの知るところとなった。病室に自由に出入りできたのは、家族と女婿の森田秘書官を除けば、伊東官房長官と田中六助副幹事長の二人だけだった。ここから医師団と官邸とのせめぎ合いがはじまる。政治的影響を心配する伊東正義らに対し、医師団は、心臓の虚血性疾患であることは間違いなく、事実とかけ離れた発表は好ましくないと考えていた。メディアには「過労のため数日間、休養」と伝えられたが、それは表向きのコメントであった。

最後の街頭演説（1980年5月30日） 横浜市内で

六月二日には、衆議院総選挙が公示された。大平の病状は、ベッドで起き上がるなど徐々に回復の兆しを見せはじめていた。同日、医師団の記者会見が行われ、「過労が引き金となった狭心症で、治療に最低一週間要する」との所見が発表された。しかし、実際の医師団の見解は「今後なお一ヵ月半の入院、一ヵ月半の自宅療養を要する」という厳しいものであった。

首相の入院は、さまざまな憶測や動きを呼び起こす。まして、「四〇日間抗争」の残り火はなおくすぶり続けており、選挙後の政局と絡めてさまざまな憶測記事が飛び交った。同日、自民党の金丸信《かねまるしん》（田中派）国会対策委員長が「醜態をさらした既成派閥の長はタナ上げし、アカのついていない、若い政治家に政権をゆだねるべきだ」と、くすぶっていた世代交代論に火を点けた。六月六日には、『サンケイ新聞』が大平の病気を「心筋梗塞か」と報じ、政界に波紋を広げた。

焦点の一つは、六月二二、二三日に予定されているベネチア・サミットへの出席が可能かどうかにあった。八日大平は、病室に内閣記者会代表三人を招き入れ、二分間の会見を行った。翌九日「サミット出席については六月一七日までに私自身が出席するか否かを決めたい」との首相見解が出されたが、同日行われた医師団の会見ではサミット出席が不可能であると発表された。

これを受けて、一〇日の各紙朝刊には「サミット出席は事実上不可能、首相退陣は必至か」などの見出しが大きく出た。そして、衆参同日選挙の真っ只中、六月一二日未明容態が急変し、大平正芳は息をひきとった。

奇妙なことにその劇的な死は、それまでの党内抗争のわだかまりを吹き飛ばし、多くの自民党員をふるい立たせ、選挙戦の様相を一変させた。候補者は、各事務所に黒いリボンを結んだ大平首相の遺影を掲げ、腕に喪章を巻いて選挙演説を行うなど、選挙は「弔い合戦」の様相を帯びてきた。

同日選挙の結果は、自民党が衆議院で公認候補だけで二八四名を当選させ、前回より三六名増えた。これに追加公認の無所属を加えて二八七、得票率も三ポイント上昇し四七・九％となった。社会党は前回と同じ一〇七議席、公明は二四議席減の三三、共産党が一〇議席減の二九、民社党も三二と三議席減らした。

参院でも、自民党は地方区四八、全国区二一の計六九と、一九六五年の七一議席に迫り、非改選を合わせると一三五と過半数を一〇議席上回った。対して野党は、社会党二二、公明党一二、共産党七、民社党六であった。

ここに、六年間続いた衆参両院における与野党伯仲状況は完全に解消し、政局の安定が確保された。自民党の大勝は、大平がその死と引き換えに得た勝利であった。

選挙における大勝は、総裁選びに向けて厭戦《えんせん》気分を醸し出していた。中曽根、河本敏夫、宮沢喜一、あるいは暫定として大平の盟友伊東正義の名が挙がるが、それぞれ党内の説得力に欠けていた。伏兵として浮上したのが、大平と田中との提携の要にいた鈴木善幸である。

鈴木の登場は、派閥の長でない者が総理総裁になった点、同じ派閥からつづけて総裁を出すという点で異例であった。鈴木が打ち出した「和の政治」というスローガンも異質であった。一九七二年の角福戦争以来の自民党内の対立はあまりに激しく、国民は政治に不信を抱き、倦《う》むようになっていた。しかし、逆に言えば抗争は、政権をめざすリーダーたちがいかなる政策を持ち、それをいかに実現するかという競争を生んでもいた。この点、「和の政治」は自民党内だけの、内向きのものでしかなかった。

怨念の抗争も自らの死後やみ、心中願望していた自民党の安定多数の回復を達成したことは、まことに悲運というほかない。

終章　「含羞」の保守政治家

戦後保守の「演出家」

内田健三は、大平政権で「何かが終わり、何かが始まった」（『現代日本の保守政治』）と記した。この言を借りれば、大平正芳の戦後における歩みは、「何かが終わり、何かが始まった」ところから出発している。一つは敗戦であり、もう一つは一九七〇年である。

大平は敗戦の日を、「遂に来るべきものが来た」という安堵感で迎え、日本国憲法を「非常に理想的なヒューマニズムを打ち出した一つの芸術品」ととらえ、戦後の民主化・民主主義と素直に向き合うことができた。この点で、吉田茂の戦争で途切れた戦前（伝統）への復帰をめざした姿勢とは温度差がある。他方、大平の言う国家自体の商人化＝商人国家は吉田と通ずるものであり、鳩山一郎・岸信介らの言う改憲再軍備は、彼の肌に合わなかった。

六〇年安保騒動で鳩山・岸の伝統的国家主義路線が挫折したのち、大平は池田の分身として、池田政権が「政治の時代」から「経済の時代」へとギア・チェンジを図り、ややもすれば強権的になりがちだった保守による権力行使を控え目とすることを支えた。池田政権の「寛容と忍耐」「低姿勢」という政治スローガンはそれを象徴している。大平は吉田が描いた軽軍備経済主義というシナリオに加え、戦後国民に定着している民主主義、平和感覚を正面からとらえ、国民との対話の上に戦後保守のあり方を模索した。言い換えると、帝国憲法風から日本国憲法風の保守政治への転換であった。それはもちろん、大平も含め前尾繁三郎や宮沢喜一ら池田を取り巻くチームによってなされたものであり、彼一人の功とはいえない。

一方で池田政権は、野党第一党である社会党に対しても対話路線を採る。大平はそれを、社会党も自民党と等しく自らの支持層を持ち、選挙を通して議会政党としての生命力を持っており、翻って両者の対話は国民との対話につながると説いた。そこには、「国民の政府」に対する「国民の反対党」が存在してこそ健全な政治が生まれるという、彼の民主政治観が見える。

政治家大平の戦後における最初の歩みは、吉田の軽軍備経済主義を継承し、国民的基盤に根ざした保守本流路線として演出し定着させていく過程であったといえよう。

かくして保守本流路線は、護憲と日米安保を共存させることで、一方で改憲再軍備を唱える自民党内「戦前派」を、他方で護憲日米安保反対を唱える野党を抑える必要から生まれた、きわめて巧妙な政策路線となった。池田政権による争点の転換は、政治におけるイデオロギー対立の比重を下げた。それは同時に、保守側からなされた「戦後」および「戦後民主主義」の受容であり、戦後保守の磁場を固める作業でもあった。

一九七〇年代の政治――もう一つの「転換」

一九七〇年前後、この国はもう一つの「転換」に立ち会うことになった。外には二つのニクソン・ショックが引き起こした国際政治経済秩序の変化、自信と威信を失いつつあるアメリカがあり、内には高度成長が産み落としたさまざまな問題があった。指導者たちには、新たな方向と指標を探るという宿題が課せられた。それは、戦後保守が変身するために必要とした、産みの苦しみの一〇年のはじまりであった。

この時代を担った田中角栄、三木武夫、福田赳夫、大平正芳は、それぞれ得意とする手法で、吉田のシナリオの加筆・修正、あるいは書き直しを試み、戦後保守の新たな方向性を見出そうとしたのである。

田中は素早く日中国交回復を成し遂げ、東アジア外交に新たな地平を開いた。彼は「日本列島改造論」で一九六〇年代の成長政治の延長線上に、開発と福祉の新しい調和の方向を見出そうとした。田中の試みは結果的には、列島改造狂騒曲にオイル・ショックが重なり、成長政治に終止符を打つものとなった。

三木は自民党の近代化という厄介な問題に取り組み、政治とカネの問題にメスを入れ、後年の政治改革への地ならし役を果たした。また経済面では、自民党内の抵抗もあって実現しなかったが、独禁法の強化など自民党を左にシフトさせ分配の公正を説いた。

与野党伯仲状況のなか内政で手を縛られた福田は、外交に活路を見出した。彼は国際社会で無視できない存在となった日本の存在価値を、先進国サミットなどで世界に示した。「機関車論」で経済大国となった日本が国際社会で果たすべき役割を、福田ドクトリンで非軍事大国化と東南アジアに対する経済主義的アプローチの可能性を示した。

大平が、それぞれの政権で誠実に対応し、応分の役割を果たしてきたことは間違いない。田中政権の外相として日中国交回復交渉を支え、三木政権では蔵相として第一次オイル・ショック後の財政再建に当たった。そして福田政権では幹事長として、与野党伯仲状況のなか「パーシャル連合」を提唱し、議会運営の円滑化、党再建に向けて尽くした。

そして、大平は「三角大福」の最終ランナーとして首班の座に就いた。

「戦後保守」の体現者

大平は首相となり、演出家を超えて、主役として舞台の中央に登ることになった。自らシナリオを描く人となったのである。では、彼はこの国の政治のあり方と方向をどこに見出そうとしたのか。

この間、米中和解、日中和解で幕を開けた一九七〇年代は、二度の中東戦争、米ソ対立に中ソ対立が加わることで、アジアに揺らぎをもたらした。日米関係も、経済摩擦をめぐってしばしば紛糾した。日本政治も与野党伯仲状況と、「角福戦争」にはじまる熾烈な派閥抗争のなか、混迷の度を深めた。国内外で複雑に入り組んだ政治と外交をめぐる構図は、難解な多元方程式に似ている。

大平は総合安全保障構想のもと、日米の同盟関係を強化し、日本を「西側の一員」として定着させ、日米関係を多元化する国際社会のなかに位置づけ直した。他方、環太平洋連帯構想では、ともすれば西と東、あるいは北と南に裂かれる日本に、多様なアジア・太平洋地域の結び手としての役割を与えた。のちに司馬遼太郎は、「日本はアジアは一つか、脱アジアか、明治以来悩んできたが（中略）［環太平洋連帯構想は、］その両方包み込んでいる」（『政治的遺産』）と感嘆の言葉を漏らした。しかも二つの構想とも、ODAなどの経済主義的アプローチで臨み、非軍事的要素の比重を高め、中曽根康弘の「不沈空母」発言などに見られる、戦後政治の「タブー」に挑んだ国家主導のきわめてイデオロギー色の強い国家像と異なる。

また、彼の提示した小さな政府と財政再建は、その後の日本の進路を示す一つの指針となった。行財政改革を含め、鈴木、中曽根、竹下政権のいわゆる臨調行革路線へと継承・発展された。しかし、その連続性を強調し過ぎることは、大平にとって迷惑であろう。

大平は、高度経済成長後の日本社会のあり方として、「経済の時代」から「文化の時代」

への転換を唱えた。量から質への転換――物質的豊かさの追求から、人間の内面の豊かさ、個人と社会・国家の関係の再発見を政治の課題としたのである。大平は一見抽象的なこれらの課題の解決を、「田園都市構想」と「家庭基盤」の充実に託した。それは一方で文化の重視と人間性の回復を、他方で雇用、老齢、健康、住宅、余暇、文化、教育等への適切な施策をともない、財政支出の拡大を予想させるものであった。その意味で一般消費税の導入――財政再建のための増税は将来の財政力の発動、言い換えれば「文化の時代」にふさわしい国家の積極的な活動に備えたものであった。

それはまた、臨調路線の新自由主義の競争原理に基づく、効率と経済的豊かさを優先した小さな政府、規制緩和、民営化とは趣を異にする。行財政改革以外のもう一つの選択肢を示し、社会の統合と政治の「復権」をめざす試みであった。

大平は「戦後の総決算」と「脱吉田」という目標を設定しつつ、「戦後保守」の体現者として、吉田の時代に想像すらされなかった国際社会の多元化と高度経済成長を受けて、この国の政治や社会のあり方に指標を与えた。

含羞の保守政治家

こうした政治家大平の戦後の歩みと、その思想・人格・思考スタイルを重ね合わせるとき、「戦後保守」の一つのイメージが浮かび上がってくる。

大平の思想と行動の基底にあったのは、「農魂」と呼ばれる気質――辛抱強さ、協調性、それと背中合わせにある頑固さである。ものごとを一歩下がってあるがままにとらえ、プロセスを尊重し、極端や過激を嫌い、忍耐強く合意の形成を待つという彼の人生態度は身について離れなかった。それはまた、彼の座右の銘である「一利を興すより、一害を除くに如かず」と、あるいは政治に満点を求めてはいけない、六〇点あればよいという「六〇点主義」に通じるものでもある。

次いで、大平はキリスト教を通じて西洋思想を、漢籍を通じて中国思想に近づき、二つの思想が交錯するなかに、自らの政治哲学と実践を見出した。それは彼の相反する二つの中心を対峙させ、両者が作り出す緊張とバランスのなかに調和を見つけようとする「楕円の哲学」と呼ばれる思考スタイルを生み出した。そこから、彼は政治を「治者と被治者」、経済を「政府と市場」、そして太平洋に位置する国際国家日本のあり方を「アメリカとアジア」、それぞれが作り出す楕円が重なり合うなかに考察してきた。

では、大平は政治とどう向き合ったのだろうか。

森田一によると、大平にとって政治は特殊なものではなく、「たくさんある世の中の現象の一つ」に過ぎなかったと言う。

彼は政治を多元的・機能的にとらえ、政治に何ができるか、政治は何をなすべきか、そして政治は何をしてはいけないかを問い続けた。そのリベラルで、デモクラティックな政治姿勢と言い、彼は政治の限界を弁《わきま》えた含羞の人であった。

他方、大平は政治をすべての国民がそれぞれの立場で、それぞれ得意とする楽器を手にして参加するコーラスに譬えた。そして、政治家の役割を国民の政治参加を促すお手伝いに限定する。それゆえ首相のリーダーシップが問われたとき、大平は首相にリーダーシップは不要で、必要なのはオーケストラのコンダクターの役割であり、ハーモニーの維持にあると説いた。

そこに大平のリーダーシップの欠如を見ることはたやすい。これに対し、彼は「政府が引っ張って行って、それに唯々諾々とついていくような国民は、たいしたことを成し遂げられない。政府に不満をもち、政府に抵抗する民族であって、はじめて本当に政府と一緒に苦労して、次の時代をつくれる」（前掲「この冷えすぎた日本をどうする」）と応じる。また「国民も政治に大きな期待を持たないように、約束したことは果たすし、果たせない約束はすべきでない」と率直に語るとき、そこに国民への信頼がうかがえる。

大平には、岸、福田や中曽根のような国家主義的色彩も、「乃公出《だいこう》でずんば」という大上段に構えた姿勢も見えない。権力の行使についてきわめて抑制的であり、懐疑的ですらあった。また、何度か触れたように岸に見られた戦前志向もない。大平は、戦後の歴史のなかに身を置き、戦後民主主義と平和感覚を正面からとらえ、国民とともに民主政治の定着に努めた。歴史・言葉・文化の持つ重みを、含羞を持って受け止めることのできる政治家であったと言えよう。

未完の「総決算」――政治の復権

大平は知的リーダーシップを発揮し、日本の進路を示した。だが、彼が唱えた「戦後の総決算」は、結果としてはその死によって未完のままに終わった。政治家が結果によってのみ評価されるとしたら、首相として大平に許された一年半あまりという時間は短すぎた。もっとも仮に彼が生き永らえていたとしても、完成したかどうかはわからない。

大平は時代の転轍手《てんてつしゅ》ではあったが、時代にピリオドを打つことはなかった。おそらく彼自身打てるとも思っていなかっただろう。「近代から近代を超える時代」への転換は、幾星霜要するかわからない。その間、近代社会もたゆみなく歩み続けるであろう。転換はゆっくりであるほうがよい。そのことは、大平自身が最もよく知っていた。

政治は、もともとデスティネーション［目的地］のない航海のようなものである。一日一日を何とか難破しないように安全に航海しなければならない。しかし乗船した人々は、明日の寄港地と最終目的地を知り、一刻も早くそこに到着することを望む。しかし、もともとデスティネーションはない。船客の願いは多彩であり、その欲求不満も限りはない。航海の責任をあずかる者の苦悩は深い。（中略）しかし、いかに悩みは深くとも、われわれは、航海を続けなければならない。しかも安全に続けなければならない。
（「現代の病とは何か」一九七四年八月、『資料編』）

この点『大平総理の政策研究会報告書』の冒頭に付されている、日本人の将来進むべき道を探るという大事業が「私の世代に完成することがなくとも、私は次の世代が力強く引き継いでくれることを信じている」という言葉は示唆的である。当時の保守の叡知を結集した九つの研究会が出した政策提言は、保守側からなされた一九八〇年代、さらには二一世紀に向けて日本に課せられた宿題となった。

そしていまリーダーには、いたずらに対立の構図を作りあげ、あれかこれかの選択を迫るのではなく、国内外で展開される複雑なあれやこれやの多元方程式を解く能力が求められている。

あとがき

私ごとであるが、筆者が大学に入った一九七二年は、佐藤栄作が退陣し、田中角栄が首相の座に就いた年に当たる。その意味で、大平正芳は田中とともに、筆者にとって初めて同時代史的に体験したリーダーの一人であった。また筆者は、日本政治研究を志して以来、多くの政治家の伝記や回想を読む機会に恵まれた。存外、その人となりを知るにつけ、当人からは遠ざかっていく傾向がある。有り体にいえば、歴史的・政治的評価は別として、嫌いになることが多い。そのなかで例外的に惹《ひ》かれたのが、大平正芳その人であった。

本書では、政治家大平の思考と行動の跡をたどり、求道的な姿勢、あるいは彼が哲学を持った熟慮の人であり、物事を長期的に考える政治家であったことなどを見てきた。読者に少しでも、等身大の大平に触れることができたと感じ取ってもらえれば幸いである。

ここで、筆者なりの大平と戦後保守のあり方、戦後政治のイメージを示しておきたい。

戦後保守のメルクマールは、敗戦・占領、一九六〇年代の「政治の時代」から「経済の時代」への転換、そして七〇年代の「経済の時代」から「脱経済の時代」への転換に求められよう。

池田政権は憲法・安保などの政治的な争点による対決から、経済的な争点による統合をめざした。「所得倍増論」は、政治に占める理念《アイデア》の役割をいったん棚上げし、利益による社会の統合を図るものだった。それは一方で、帝国憲法風の保守政治から日本国憲法風のそれへの、言い換えると保守本流路線の確立の過程であった。その意味で、「寛容と忍耐」「低姿勢」のスローガンは、保守の側からなされた革新との接点を求め、議会制民主主義を回復する試みであった。池田と続く佐藤政権の経済への専心は、高度経済成長という果実を実らせる一方、成長がもたらしたさまざまな問題を次の時代に積み残した。

一般に、一九七〇年代は激しい派閥抗争、約二年周期で繰り返された首相の交代を指して、「不安定な一〇年」とされる。だがこの一〇年の政治は、実は保守本流路線を再構築し、未来に向けて展開していく過程であり、一九六〇年代を通じて爛熟《らんじゅく》した利益による統合(「利益政治」)から、理念による統合(「アイデアの政治」)への転換を図るものであった。

大平は、それを「経済の時代」から「文化の時代」へというかたちで提示した。彼は首相就任に当たって、「近代から近代を超える社会」への転換を謳ったが、ほぼ半世紀前の一九三五年東京商大の卒業論文で、すでに近代産業社会の行き詰まりを強く意識しその変革を唱えていた。彼の持続的関心と、齢を重ね成熟していったことに驚かざるを得ない。

この大平にはその生涯を通じて二つのテーマがあったように思われる。一つは、近代を超える社会をいかに作るか、もう一つは民主政治をいかに定着させるかである。

大平は、田園都市と家庭基盤充実の二つの構想を通じて、個人と社会、政府と民間、中央と地方のあり方の再検討を促した。二つの構想は、文化の重視、人間的連帯の回復を基底に、人間の内面に分け入るものであったが、決して野放図な政治の介入を許すものではなかった。それは家庭と地域社会の自立性に期待するものであり、この点彼はあくまでリベラルで、デモクラティックであり続けた。

それは同じように「戦後政治の総決算」を唱えた、中曽根康弘と比較すると鮮明になる。中曽根は行財政、税制、教育改革に意欲を見せる一方、憲法・防衛問題では戦前回帰的なナショナリスティックな保守主義を垣間見せた。また、彼は業績よりスタイルで強い印象を残した感がある。

いま筆者に、大平と中曽根を本格的に比較する準備はない。ただ大平が中曽根について「自分と中曽根さんとはまったく対照的だ。共通点といえば、国会議員であることと、自民党議員であるぐらいだ」(「新聞記者座談会」大平記念館所蔵)と漏らしたことがある。大平の中曽根への違和感は、「はしがき」で触れた岸信介の大平評のように、戦後保守のもう一つのあり方を示唆している。さらにいえば、大平や田中は、吉田茂と佐藤栄作がそれぞれ「臣茂」「臣栄作」と記したような感覚は持ち合わせていなかった。

最後に、社会党衆議院議員だった河上民雄が、宮沢喜一との対談で語った戦後政治のイメージを紹介しておく。彼は言う。「戦後日本の政治外交は円ではなく、（日本国憲法と日米安保の）二つの焦点をもった楕円形」であり、「その二つの点が引き寄せあって一つにならないのが戦後日本の選択であった」と（『毎日新聞』一九九〇年六月一三日）。

河上は大平と同じくクリスチャン政治家として知られる。二人が、戦後日本のあり方を、楕円のイメージ――交わることのない「二つの焦点」が適度の緊張を孕《はら》みながら、均衡を保つイメージを共有していたことは興味深い。戦後体制が揺らぎ、戦後とは何か、何だったかが、改めて問われているいま、この保守と革新の接点は、戦後政治を解く一つの鍵となるだろう。

＊

本書ができあがるまでには、さまざまな人の協力およびご教示を得た。そもそも筆者が、大平正芳に関心を抱いたきっかけは、およそ一〇年前、師である五百旗頭真神戸大学教授（当時、現防衛大学校校長）を代表とする宏池会の研究会（一九九九―二〇〇一年度）に誘われたことからはじまる。次いで、小池聖一広島大学助教授を代表とする研究会（二〇〇三―二〇〇五年度）で、大平正芳記念館が所蔵する、多くの大平関係の原文書に触れる機会を得た。それから、大平の著書や多くの先達たちが書き留めた大平論を繙《ひもと》くなかで、筆者と大平の対話がはじまった。

森田一先生には、日記の使用を許可いただくとともに、ご自宅に何度かうかがい、筆者の不躾《ぶしつけ》な質問にも寛容に答えていただいた。また大平記念館館長である加地淑久氏には、資料収集そのほか数々の便宜をはかっていただいた。本四連絡橋を渡り、同記念館を訪ね、生の資料に触れ、大平を育んだ讃岐の風土を味わうことができたことは望外の喜びであった。
さらに同僚であり筆者の研究のよき理解者で批判者でもある雨宮昭一教授からも、さまざまなご教示を得た。中公新書編集部の白戸直人氏には、大学行政に煩わされ進まぬ執筆を、的確な助言と卓越した編集で本書の刊行に導いていただいた。末筆ながら、ここに謝意を表す次第である。

二〇〇八年一二月

福永 文夫

資料　大平政権下、政策研究会メンバー

肩書きはすべて当時、年月日は報告書の提出日

1　田園都市構想研究グループ（一九八〇年七月七日）

議長　梅棹　忠夫　国立民族学博物館館長

幹事　香山　健一　学習院大学教授

山崎　正和　大阪大学教授

研究員　飽戸　弘　東京大学助教授

浅利　慶太　演出家

石井　威望　東京大学教授

黒川　紀章　建築家

小池　和男　名古屋大学教授

小林　登　東京大学教授

竹内　宏　日本長期信用銀行調査部長

植木　浩　文部省大臣官房会計課長

木村　仁　自治省行政局振興課長

小粥　正巳　大蔵省大臣官房秘書課長

下村　健　厚生省大臣官房総務課長

谷野　陽　農林水産省水産庁漁政課長

長澤　哲夫　国土庁計画・調整局計画課長

星野　進保　経済企画庁長官官房秘書課長

松本　弘　建設省計画局参事官

研究員・書記

太田信一郎　通産省資源エネルギー庁公益事業部計画課課長補佐

田谷　広明　大蔵省主計局主査（防衛一係）

長野　厖士　大蔵省主計局主査

2　対外経済政策研究グループ（一九八〇年四月二一日）

議長　内田　忠夫　東京大学教授

研究員　鬼塚　雄丞　横浜国立大学教授

兼光　秀郎　上智大学教授

茅　陽一　東京大学教授

公文　俊平　東京大学教授

黒沢　洋　日本興業銀行常務取締役
高坂　正堯　京都大学教授
小林　元常　三菱商事業務部長
佐々波楊子　慶応義塾大学教授
関口　末夫　日本経済研究センター主任研究員
西川　潤　早稲田大学教授
速水佑次郎　東京都立大学教授
瓜生　瑛　農水省構造改善局構造改善事業課長
行天　豊雄　大蔵省大臣官房参事官
国広　道彦　外務省経済局参事官
山田　勝久　通産省大臣官房企画室長
吉冨　勝　経済企画庁経済研究所主任研究官
塩田　薫範　大蔵省国際金融局国際機構課課長補佐
宮本　恵史　通産省産業政策局産業構造課課長補佐

ゲスト・スピーカー

嘉治　元郎　東京大学教授
後藤　達郎　三井物産（株）顧問
柴田　弘文　大阪大学教授
並木　信義　日本経済研究センター理事・研究主幹

3　多元化社会の生活関心研究グループ（一九八〇年七月一四日）

議長　林　知己夫　統計数理研究所長

幹事　飽戸　弘　東京大学助教授
佐藤誠三郎　東京大学教授

研究員　阿木　燿子　作詞家
安倍　寧　音楽評論家
岩男寿美子　慶応義塾大学教授
児島　和人　埼玉大学助教授
鈴木　二郎　東京都精神医学総合研究所神経生理部門主任
田崎　篤郎　群馬大学教授
西部　邁　東京大学助教授
萩元　晴彦　（株）テレビマンユニオン・プロデューサー
福島　章　上智大学教授
村松　岐夫　京都大学教授
児玉　幸治　通産省産業政策局産業資金課長
田中　博秀　労働省大臣官房統計情報部情報解析課長

研究員・書記
永岡　禄朗　総理府広報室参事官
守屋　友一　経済企画庁調査局内国調査課第一課長
日下　一正　通産省通商政策局米州大洋州課課長補佐
細川　興一　大蔵省主計局主査

4　環太平洋連帯研究グループ（一九八〇年五月一九日）

議長
大来佐武郎（第二次大平内閣外相就任まで）
飯田　経夫　名古屋大学教授
幹事
佐藤誠三郎　東京大学教授
研究員
石井　威望　東京大学教授
高坂　正堯　京都大学教授
榊原　英資　埼玉大学助教授
高垣　佑　東京銀行取締役人事部長
中川　文雄　筑波大学助教授
中嶋　嶺雄　東京外国語大学教授
西原　正　防衛大学校教授
本間　長世　東京大学教授
山崎　正和　大阪大学教授
山澤　逸平　一橋大学教授
渡辺　昭夫　東京大学教授
小長　啓一　通産省機械情報産業局次長
堂ノ脇光朗　外務省大臣官房審議官
中瀬　信三　農水省畜産局家畜生産課長
林　淳司　運輸省大臣官房文書課長
吉川　淳　経済企画庁長官官房参事官
研究員・書記
鏡味　徳房　大蔵省銀行局銀行課課長補佐
鹿野　軍勝　外務省大臣官房調査部企画課首席事務官
神原　寧　大蔵省国際金融局調査課企画係長
西田　恒夫　外務省大臣官房調査企画部企画課首席事務官

5　家庭基盤充実研究グループ（一九八〇年五月二日）

議長
伊藤　善市　東京女子大学教授

幹事　香山　健一　学習院大学教授　志水　速雄　東京外国語大学教授
研究員　菊竹　清訓　建築家　桐島　洋子　作家
小林　登　東京大学教授　小堀桂一郎　東京大学助教授
鈴木　二郎　東京都精神医学総合研究所神経生理部門主任
竹内　靖雄　成蹊大学教授　遠山　洋一　バオバブ保育園長
橋田寿賀子　放送作家　原　ひろ子　お茶の水女子大学助教授
深谷　和子　東京学芸大学助教授　水野　肇　医事評論家
米山　俊直　京都大学助教授　菴谷　利夫　文部省初等中等教育局幼稚園教育課長
伊藤　茂史　建設省住宅局住宅政策課長　佐藤　欣子　総理府青少年対策本部事務官
鉄炮塚端彦　警察庁長官官房審議官　久本　禮一　福岡県警察本部長
安原　正　大蔵省主計局主計官　横尾　和子　厚生省大臣官房統計情報部情報企画課長
吉岡　博之　経済企画庁調査局審議官　渡邊　尚　国土庁土地局土地政策課長
太田信一郎　通産省貿易局総務課課長補佐　田谷　広明　大蔵省主計局法規課課長補佐
長野　厖士　大蔵省主計局主査

ゲスト・スピーカー
ロバート・A・オルドリッチ　コロラド大学教授
古山　剛　警察庁刑事局保安部少年課長　塚本恵美子　（社）農山漁家生活改善研究会専務理事

6　総合安全保障研究グループ（一九八〇年七月二日）

議長　猪木　正道　平和・安全保障研究所理事長
幹事　飯田　経夫　名古屋大学教授　高坂　正堯　京都大学教授
研究員　飽戸　弘　東京大学助教授　江藤　淳　東京工業大学教授
加納　時男　東京電力省エネルギーセンター副所長
木村　汎　北海道大学教授　黒川　紀章　建築家

佐瀬昌盛　防衛大学校教授
曾野綾子　作家
豊島　格　日本貿易振興会パリ・ジャパン・トレードセンター長
中嶋嶺雄　東京外国語大学教授
大須敏生　大蔵省国際金融局国際機構課長
木下博生　通産省大臣官房秘書課長
鴻巣健治　農水省大臣官房官房企画室長
棚橋　泰　運輸省大臣官房審議官
佐藤誠三郎　東京大学教授
渡部昇一　上智大学教授
久世公堯　自治省大臣官房審議官
佐々淳行　防衛庁人事教育局長
渡辺幸治　外務省大臣官房参事官

研究員・書記
岡田康彦　大蔵省大臣官房調査企画課課長補佐
斎藤泰雄　外務省アジア局北東アジア課課長補佐

アドバイザー
平野健一郎　東京大学助教授
山本　満　法政大学教授

7　文化の時代研究グループ（一九八〇年七月一一日）

議長
山本七平　山本書店店主

幹事
浅利慶太　演出家
山崎正和　大阪大学教授

研究員
上田　篤　大阪大学教授
日下公人　日本長期信用銀行参与
黒川紀章　建築家
小松左京　作家
高階秀爾　東京大学教授
竹内靖雄　成蹊大学教授
芳賀　徹　東京大学教授
小椋　佳　作詞・作曲家
公文俊平　東京大学教授
香山健一　学習院大学教授
曾野綾子　作家
竹内　啓　東京大学教授
團伊玖磨　作曲家
真鍋　博　イラストレーター

八木　誠一　東京工業大学教授
岸田　俊輔　国税庁調査査察部長
佐藤　剛男　通産省生活産業局紙業課長
南原　　晃　日本銀行大分支店長
青柳　　徹　文部省大学局視学官
斎藤　邦彦　労働省職業安定局庶務課長
千種　秀夫　法務省大臣官房秘書課長
西山　健彦　外務省経済協力局外務参事官

研究員・書記
安藤　裕康　外務大臣秘書官
尾原　栄夫　大蔵省主税局税制第一課長補佐

8　文化の時代の経済運営研究グループ（一九八〇年七月一二日）

議長
館　龍一郎　東京大学教授

幹事
公文　俊平　東京大学教授
蠟山　昌一　大阪大学助教授

研究員
石井　幹子　工業デザイナー
大森　　彌　東京大学助教授
木村尚三郎　東京大学教授
篠塚　英子　日本経済研究センター研究員
野口悠紀雄　一橋大学助教授
濱田　宏一　東京大学助教授
福井　俊彦　日本銀行高松支店長
米山　俊直　京都大学助教授
中村　　正　労働省労政局労働法規課長
濱岡　平一　通産省資源エネルギー庁石油部計画課長
若林　正俊　農水省構造改善局農政課長
喜田勝治郎　通産省大臣官房企画室企画主任
渡辺　裕泰　大蔵省官房調査企画課課長補佐
岩田　龍子　武蔵大学教授
河合　隼雄　京都大学教授
小松　左京　作家
西川　俊作　慶応義塾大学教授
端田　泰三　富士銀行常務取締役
速水佑次郎　東京都立大学教授
藤竹　　暁　NHK総合放送文化研究所主任研究員
中平　　立　外務省大臣官房総務課長
糠谷　真平　経済企画庁長官官房参事官
落合　俊雄　通産省大臣官房企画室企画主任

ゲスト・スピーカー

小池　和男　名古屋大学教授　　今野　由梨　ダイヤル・サービス代表取締役
佐治　敬三　サントリー社長　　村上　泰亮　東京大学教授

9　科学技術の史的展開研究グループ（一九八〇年七月一〇日）

議長　佐々　學　東京大学名誉教授・前国立公害研究所長
幹事　石井　威望　東京大学教授　　小林　登　東京大学教授
研究員　飯田　経夫　名古屋大学教授　　江澤　洋　学習院大学教授
大島　栄次　東京工業大学教授　　茅　陽一　東京大学教授
清水　博　東京大学教授　　杉村　隆　国立がんセンター研究所長
高橋　洋一　東京大学助教授　　富永　健　東京大学教授
豊田　有恒　作家　　原島　文雄　東京大学助教授
槇　文彦　東京大学教授　　村上陽一郎　東京大学助教授
太田　博　外務省大臣官房調査企画部企画課長
鎌田　吉郎　通産省生活産業局原料紡績課長
川崎　正道　環境庁企画調整局企画調整課長
木戸　脩　厚生省公衆衛生局企画課長　　斎藤　諦淳　文部省学術国際局研究機関課長
新藤　恒男　大蔵省主計局主計官　　高秀　秀信　建設省大臣官房技術官
富田　徹郎　郵政省電波監理局放送部長
研究員・書記
江川　明夫　外務省国際連合局科学課審議官　　黒田　東彦　大蔵省主税局税制第二課課長補佐
神余　隆博　外務省大臣官房領事移住部旅券課首席事務官
西原　篤夫　大蔵省主計局主査

主要参考文献

【著書】
『財政つれづれ草』如水書房、一九五三年
『素顔の代議士』20世紀社、一九五六年
『春風秋雨』（非売品）鹿島研究所出版会、一九六六年
『旦暮芥考』（非売品）鹿島研究所出版会、一九七〇年
『風塵雑俎』（非売品）鹿島出版会、一九七七年
『私の履歴書』日本経済新聞社、一九七八年
『複合力の時代』対談・田中洋之助、ライフ社、一九七八年
『永遠の今』（非売品）大平事務所、一九八〇年
『在素知贅・大平正芳発言集』大平正芳記念財団、一九九六年

【伝記・資料、関係者著書】
『大平正芳回想録・追想編』大平正芳回想録刊行会、一九八一年
『大平正芳回想録・伝記編』大平正芳回想録刊行会、一九八二年
『大平正芳回想録・資料編』大平正芳回想録刊行会、一九八二年
『大平総理の政策研究会報告書』（非売品）自由民主党広報委員会出版局、一九八〇年
公文俊平・香山健一・佐藤誠三郎監修『大平正芳・人と思想』大平正芳記念財団、一九九〇年

『大平正芳・政治的遺産』大平正芳記念財団、一九九四年
『去華就實・聞き書き大平正芳』大平正芳記念財団、二〇〇〇年
『大平正芳全著作及び研究書』CD－ROM、大平正芳記念財団、二〇〇〇年
『森田一日記』(大平記念館所蔵)
森田一インタビュー、二〇〇七年二月二一日、二〇〇八年三月七日
河上民雄インタビュー、二〇〇七年一二月一〇日

東根千万億『等しからざるを憂える。－元首相鈴木善幸回顧録』岩手日報社、二〇〇四年
新井俊三・森田一『文人宰相大平正芳』春秋社、一九八二年
五百旗頭真・伊藤元重・薬師寺克行編『宮沢喜一－保守本流の軌跡』朝日新聞社、二〇〇六年
伊藤隆監修『佐藤栄作日記』(全六巻)朝日新聞社、一九九七～九九年
伊藤昌哉『実録自民党戦国史－権力の研究』朝日ソノラマ、一九八二年
伊藤昌哉『池田勇人とその時代』朝日文庫、一九八五年
伊藤昌哉『日本宰相列伝21』共同通信社、一九八五年
今井一男『実録占領下の官公労争議と給与』財務出版、一九八三年
岩手放送編『元総理鈴木善幸・激動の日本政治を語る－戦後四〇年の検証』岩手放送、一九九一年
内田健三「第一次大平内閣」「第二次大平内閣」(林茂・辻清明『日本内閣史録6』第一法規出版、一九八一年)
川内一誠『大平政権・五五四日－自らの生命を賭けて保守政治を守った』行政問題研究所、一九八二年
岸信介・福田赳夫・田中角栄・中曽根康弘ほか『私の履歴書・保守政権の担い手』日本経済新聞社、二〇〇七年
岸宣仁『税の攻防・大蔵官僚四半世紀』文藝春秋、一九九八年

木村貢『総理の品格―官邸秘書官が見た歴代宰相の素顔』徳間書店、二〇〇六年
楠田實『楠田實日記―佐藤栄作秘書官の二〇〇〇日』中央公論新社、二〇〇一年
国正武重『権力の病室―大平総理最期の14日間』文藝春秋、二〇〇七年
栗原祐幸『大平元総理と私』広済堂出版、一九九〇年
齋藤邦吉伝記刊行会『清和―齋藤邦吉伝』社団法人雇用問題研究会、一九九六年
『佐々木義武追想録』(非売品)、一九八八年
政治記者OB会『政治記者の目と耳・第五集』二〇〇三年
田中六助『大平正芳の人と政治』朝日ソノラマ、一九八一年
田中六助『大平正芳の人と政治 再び』朝日ソノラマ、一九八一年
中曽根康弘『政治と人生―中曽根康弘回顧録』講談社、一九九二年
平野実『外交記者日記―大平外交の二年』上中下、行政通信社、一九八二年
福田赳夫『回顧九十年』岩波書店、一九九五年
保利茂『戦後政治の覚書』毎日新聞社、一九七五年
前尾繁三郎『政治家のつれづれ草〈続〉』誠文堂新光社、一九七〇年
前尾繁三郎『政治家の方丈記』理想社、一九八一年
三木睦子『信なくば立たず―夫・三木武夫との五十年』講談社、一九八九年
宮沢喜一『社会党との対話―ニューライトの考え方』講談社、一九六五年
宮沢喜一『戦後政治の証言』読売新聞社、一九九一年
森田一『最後の旅―遺された唯一の大平宰相日記』行政問題研究所出版局、一九八一年
山口朝雄『大平正芳―政治姿勢と人間像』創芸社、一九七八年
吉田雅信『大平正芳の政治的人格』東海大学出版会、一九八六年
ライシャワー、O・エドウィン『ライシャワー自伝』文藝春秋、一九八七年

渡邉恒雄『渡邉恒雄回顧録』インタビュー／構成・飯尾潤・伊藤隆・御厨貴、中央公論新社、二〇〇一年
渡部亮次郎『園田直・全人像』行政問題研究所出版局、一九八一年

【研究書】

五百旗頭真編『戦後日本外交史』有斐閣、一九九五年
五百旗頭真編『日米関係史』有斐閣、二〇〇八年
石川真澄『人物戦後政治─私の出会った政治家たち』岩波書店、一九九七年
井芹浩文『派閥再編成─自民党政治の表と裏』中公新書、一九八八年
居安正『ある保守政治家─古井喜實の軌跡』御茶の水書房、一九八七年
岩見隆夫『田中角栄─政治の天才』学陽文庫、一九九八年
内田健三『戦後日本の保守政治─政治記者の証言』岩波新書、一九六九年
内田健三『現代日本の保守政治』岩波新書、一九八九年
内田知行・柴田善雅編『日本の蒙疆占領』研文出版、二〇〇七年
内山融『小泉政権─「パトスの首相」は何を変えたのか』中公新書、二〇〇七年
江口圭一『資料日中戦争期阿片政策─蒙疆政権資料を中心に』岩波書店、一九八五年
江口圭一『日中アヘン戦争』岩波新書、一九八八年
大嶽秀夫『自由主義的改革の時代─1980年代前期の日本政治』中公叢書、一九九四年
北岡伸一『自民党─政権党の三八年』読売新聞社、一九九五年
清宮龍『福田政権・七一四日』行政問題研究所出版局、一九八四年
高坂正堯『宰相吉田茂』中央公論社、一九六八年
河野謙三『議長一代─河野謙三回想録』朝日新聞社、一九七八年
後藤基夫・内田健三・石川真澄『戦後保守政治の軌跡─吉田内閣から鈴木内閣まで』岩波書店、一九八二年

下河辺淳『戦後国土計画への証言』日本経済評論社、一九九四年
城山三郎『嬉しうて、そして…』文藝春秋、二〇〇七年
千田恒『佐藤内閣回想』中公新書、一九八七年
高崎宗司『検証日韓会談』岩波新書、一九九六年
富森叡児『戦後保守党史』日本評論社、一九七七年
富森叡児『素顔の宰相―日本を動かした政治家83人』朝日ソノラマ、二〇〇〇年
中馬清福『密約外交』文春新書、二〇〇二年
中野士朗『田中政権・八八六日』行政問題研究所出版局、一九八二年
中村慶一郎『三木政権・七四七日―戦後保守政治の曲がり角』行政問題研究所出版局、一九八一年
中村隆英『昭和史Ⅱ』東洋経済新報社、一九九三年
芳賀綏『指導者の条件』三修社、一九八〇年
原彬久『岸信介―権勢の政治家』岩波新書、一九九五年
原彬久『岸信介証言録』毎日新聞社、二〇〇三年
古野喜政『金大中事件の政治決着―主権を放棄した日本政府』東方出版、二〇〇七年
不破哲三『私の戦後六〇年・日本共産党議長の証言』新潮社、二〇〇五年
本間義人『国土計画を考える―開発路線のゆくえ』中公新書、一九九九年
毎日新聞社編『政局・連合時代』毎日新聞社、一九七七年
毎日新聞政治部『政変』角川文庫、一九八六年
毎日新聞政治部『自民党―転換期の権力』角川文庫、一九八六年
毎日新聞政治部『安保―迷走する革新』角川文庫、一九八七年
御厨貴編『歴代首相物語』新書館、二〇〇三年
吉村克己『戦後総理の放言失言』文春文庫、一九八八年

若月秀和『「全方位外交」の時代―冷戦変容期の日本とアジア一九七一～八〇年』日本経済評論社、二〇〇六年
渡邉昭夫編『戦後日本の宰相たち』中央公論社、一九九五年
渡邉昭夫『大国日本のゆらぎ―一九七二～』中央公論新社、二〇〇〇年
渡邉恒雄『政治の密室』雪華社、一九六六年

【論文】

五百旗頭真治郎「福田・上田両教授の聖トーマス研究」（『一橋論叢』三七巻第五号、一九五七年一月）
金斗昇「大平正芳と日韓会談―請求権問題合意の論理を中心に」（『法学政治学論究』四四号、二〇〇〇年三月）
倪志敏「大平内閣における第一次対中政府借款」（『龍谷大学経済学論集』四二巻五号、二〇〇三年三月）
倪志敏「大平正芳と日韓交渉―『大平・金メモ』の議論を中心に」（『龍谷大学経済学論集』四三巻五号、二〇〇四年三月）
倪志敏「池田内閣における中日関係と大平正芳（1）～（3）」（『龍谷大学経済学論集』四四巻五号、四五巻二・三号、二〇〇五年）
倪志敏「田中内閣における中日国交正常化と大平正芳（1）（2）」（『龍谷大学経済学論集』四五巻五号、四六巻五号、二〇〇六年三月・二〇〇七年三月）

図版出典一覧

『大平正芳全著作及び研究書』CD－ROM、大平正芳記念財団　一六、二五、二九、六四、九一ページ
共同通信社、読売新聞社、中央公論新社写真部

大平正芳　関連年表

1910年（明治43年）
3月12日　香川県三豊郡和田村（現観音寺市）に生まれる

1916年（大正5年）
4月　和田村立大正尋常高等小学校（現観音寺市立豊浜小学校）入学

1923年（大正12年）
4月　香川県立三豊中学校（現香川県立観音寺第一高等学校）に入学

1926年（大正15年）
夏　腸チフスに罹り、4ヵ月間病床に臥す

1927年（昭和2年）
7月　父利吉、胃潰瘍で死去

1928年
3月　三豊中学校卒業
4月　高松高等商業学校（現香川大学経済学部）に入学。この頃、キリスト教に出会う

1929年
12月　観音寺教会で洗礼を受ける

1931年
9月　満州事変勃発

1932年
3月　高松高商卒業
4月　大阪の桃谷順天館に入社

1933年
4月　東京商科大学（現一橋大学）に入学

1935年（昭和10年）
10月　高等文官試験合格

1936年
2月　2・26事件勃発
4月　大蔵省入省（預金部勤務）

1937年
4月　鈴木三樹之助の次女志げ子と結婚

1938年
7月　横浜税務署長に転出。日中戦争勃発

1939年
6月　仙台税務監督局関税部長に就任
5月　興亜院蒙疆連絡部経済課主任となり、張家口に赴任

1940年
10月　帰国。興亜院経済部第2課勤務となる

1941年
12月　太平洋戦争始まる

1942年
7月　大蔵省主計局主査（文部省と南洋庁を担当）

1943年
11月　東京財務局間税部長となる

1944年
5月　国民酒場を創設

1945年（昭和20年）
3月　小磯内閣の津島寿一蔵相秘書官となる
4月　鈴木貫太郎内閣成立。津島の辞任に伴い、大平も秘書官を辞任
8月　敗戦。東久邇宮稔彦内閣成立。再び、津島寿一蔵相秘書官となる
10月　幣原喜重郎内閣成立。大平、主計局に復帰

1946年
この頃、「官業払下問題」など政策提言を行う
6月　大蔵省給与局第三課長に就任

1948年
7月　経済安定本部建設局公共事業課長

1949年
6月　池田勇人蔵相秘書官となる

1951年
9月　サンフランシスコ講和条約、日米安全保障条約締結

1952年
4月　サンフランシスコ講和条約発効、主権回復
9月　大蔵省退官
10月　第25回総選挙。自由党公認で香川2区から衆議院議員に立候補し当選

1953年
3月　バカヤロー解散
4月　第26回総選挙、次点と1043票差の最下位で当選
10月　『財政つれづれ草』刊行

1955年（昭和30年）
2月　第27回総選挙、最下位で当選するも次点と2万5000票差
11月　保守合同、自由民主党結成

1956年
1月　『素顔の代議士』刊行

1957年
7月　自民党政務調査副会長および財政部長に

就任

1958年
5月　第28回総選挙、トップ当選（以後、63年総選挙を除き1位で当選）

1959年
6月　衆議院文教委員会委員長に就任

1960年（昭和35年）
6月　日米新安保条約発効。岸信介退陣表明
7月　第1次池田内閣発足、官房長官に就任
11月　第29回総選挙
12月　第2次池田内閣成立。官房長官に留任

1962年
7月　第2次池田改造内閣発足。外相
9月　（〜10月）ヨーロッパ訪問（英、独、仏、伊、ベルギー、オランダなど）
10月・11月　金鍾泌韓国中央情報部長と会談

1963年
4月　ライシャワー米駐日大使と秘密会談
11月　第30回総選挙
12月　第3次池田内閣発足。外相に留任

1964年
7月　自民党総裁選挙で、池田三選。自民党副幹事長に
8月　長男正樹、ベーチェット病で死去（26歳）
10月　池田病気退陣
11月　佐藤内閣発足

1966年
10月　『春風秋雨』（非売品）刊行

1967年
1月　第31回総選挙
11月　第2次佐藤改造内閣発足、自民党政調会長に就任

1968年
11月　第2次佐藤第2次改造内閣発足、通産相

1969年
12月　第32回総選挙

1970年（昭和45年）
8月　『旦暮芥考』（非売品）刊行

1971年
4月　宏池会第3代会長に就任
9月　宏池会研修会で、「日本の新世紀の開幕ー潮の流れを変えよう」を発表

1972年
7月　自民党総裁選に初出馬。第1次田中内閣で2度目の外相に就任
8月　日米ハワイ会談。田中首相に随行
9月　田中首相とともに訪中（日中国交回復）
10月　訪米、訪ソ
12月　第33回総選挙。外相に留任

1973年
7月　田中首相と訪米

8月　金大中事件起こる
10月　田中首相と訪ソ。第1次オイル・ショック

1974年
1月　日中航空協定締結のために訪中
7月　福田蔵相辞任の後任として蔵相に就任
12月　三木内閣成立。引き続き蔵相に

1975年（昭和50年）
11月　第1回先進国首脳会議（ランブイエ会議）に三木首相と出席

1976年
2月　ロッキード事件発覚
6月　大平・三木会談
7月　田中角栄前首相逮捕
8月　大平・三木会談
12月　第34回総選挙。福田内閣成立。自民党幹事長に就任

1977年
12月　『風塵雑俎』刊行

1978年
7月　『私の履歴書』刊行
12月　自民党総裁予備選挙で、第1位となり、自民党総裁に就任

12月　大平内閣成立。第2次オイル・ショック

1979年
3月　予算案、衆議院予算委員会で否決されるも、本会議で逆転可決
4月　統一地方選挙。訪米、カーターと首脳会談
6月　東京サミット
10月　第35回総選挙。過半数割れし、「40日間抗争」に突入
11月　第2次大平内閣成立
12月　訪中

1980年（昭和55年）
1月　オーストラリア、ニュージーランド、パプアニューギニアの3ヵ国を訪問
4月　（～5月）アメリカ、メキシコ、カナダの3ヵ国訪問。チトー・ユーゴスラヴィア大統領の国葬に出席
5月　大平内閣不信任案可決
6月12日　死去
6月22日　初の衆参同日選挙

福永文夫（ふくなが・ふみお）

1953年（昭和28年）兵庫県生まれ．76年神戸大学法学部卒業，85年神戸大学大学院法学研究科博士課程単位取得満期退学．87年姫路獨協大学専任講師就任．同大学助教授，教授を経て，2001年から獨協大学教授．博士（政治学）．専攻，日本政治外交史・政治学．

著書『占領下中道政権の形成と崩壊―民政局と日本社会党』（岩波書店，1997年）
『戦後日本の再生―1945年～1964年』（丸善，2004年）

共著『戦後日本の宰相たち』（中央公論社，1997年）
『戦後日本第2巻・占領と改革』（岩波書店，1995年）

大平《おおひら》正芳《まさよし》
中公新書 *1976*

2008年12月20日初版
2013年12月20日6版

著 者 福永文夫
発行者 小林敬和

本文印刷 三晃印刷
カバー印刷 大熊整美堂
製 本 小泉製本

発行所 中央公論新社
〒104-8320
東京都中央区京橋 2-8-7
電話 販売 03-3563-1431
編集 03-3563-3668
URL http://www.chuko.co.jp/

Published by CHUOKORON-SHINSHA, INC.
Printed in Japan ISBN978-4-12-101976-9 C1221

中公新書刊行のことば

いまからちょうど五世紀まえ、グーテンベルクが近代印刷術を発明したとき、書物の大量生産は潜在的可能性を獲得し、いまからちょうど一世紀まえ、世界のおもな文明国で義務教育制度が採用されたとき、書物の大量需要の潜在性が形成された。この二つの潜在性がはげしく現実化したのが現代である。

いまや、書物によって視野を拡大し、変りゆく世界に豊かに対応しようとする強い要求を私たちは抑えることができない。この要求にこたえる義務を、今日の書物は背負っている。だが、その義務は、たんに専門的知識の通俗化をはかることによって果たされるものでもなく、通俗的好奇心にうったえて、いたずらに発行部数の巨大さを誇ることによって果たされるものでもない。現代を真摯に生きようとする読者に、真に知るに価いする知識だけを選びだして提供すること、これが中公新書の最大の目標である。

私たちは、知識として錯覚しているものによってしばしば動かされ、裏切られる。私たちは、作為によってあたえられた知識のうえに生きることがあまりに多く、ゆるぎない事実を通して思索することがあまりにすくない。中公新書が、その一貫した特色として自らに課すものは、この事実のみの持つ無条件の説得力を発揮させることである。現代にあらたな意味を投げかけるべく待機している過去の歴史的事実もまた、中公新書によって数多く発掘されるであろう。

中公新書は、現代を自らの眼で見つめようとする、逞しい知的な読者の活力となることを欲している。

一九六二年一一月

哲学・思想

1 日本の名著 桑原武夫編
16 世界の名著 河野健二編
2113 近代哲学の名著 熊野純彦編
1999 現代哲学の名著 熊野純彦編
2187 物語 哲学の歴史 伊藤邦武
2036 日本哲学小史 熊野純彦編著
832 外国人による日本論の名著 佐伯彰一・芳賀徹編
1696 日本文化論の系譜 大久保喬樹
312 徳川思想小史 源了圓
2097 江戸の思想史 田尻祐一郎
1989 諸子百家 湯浅邦弘
2153 論語 湯浅邦弘
36 荘子 福永光司
1695 韓非子 冨谷至
1120 中国思想を考える 金谷治
2042 菜根譚 湯浅邦弘
1376 現代中国学 加地伸行
140 哲学入門 中村雄二郎
575 時間のパラドックス 中村秀吉
2220 言語学の教室 西村義樹・野矢茂樹
1862 入門！論理学 野矢茂樹
448 詭弁論理学 野崎昭弘
593 逆説論理学 野崎昭弘
2087 フランス的思考 石井洋二郎
2035 ヴィーコ 上村忠男
1939 ニーチェ ツァラトゥストラの謎 村井則夫
2131 経済学の哲学 伊藤邦武
1813 友情を疑う 清水真木
674 時間と自己 木村敏
1829 空間の謎・時間の謎 内井惣七
814 科学的方法とは何か 浅田彰・黒田末寿・佐和隆光・長野敬・山口昌哉
1986 科学の世界と心の哲学 小林道夫
1981 ものはなぜ見えるのか 木田直人
2176 動物に魂はあるのか 金森修
1333 生命知としての場の論理 清水博
1979 日本人の生命観 鈴木貞美
2166 精神分析の名著 立木康介編著
2203 集合知とは何か 西垣通
2222 忘れられた哲学者 清水真木

中公新書

日本史

d2

- 1521 後醍醐天皇　森　茂暁
- 776 室町時代　脇田晴子
- 2179 足利義満　小川剛生
- 978 室町の王権　今谷　明
- 1983 戦国仏教　湯浅治久
- 1872 信玄の戦略　柴辻俊六
- 2058 日本神判史　清水克行
- 2139 贈与の歴史学　桜井英治
- 1625 織田信長合戦全録　谷口克広
- 1907 信長と消えた家臣たち　谷口克広
- 1453 信長の親衛隊　谷口克広
- 1782 信長軍の司令官　谷口克広
- 2028 信長の天下所司代　谷口克広
- 1809 戦国時代の終焉　齋藤慎一
- 2080 江の生涯　福田千鶴

- 2084 戦国武将の手紙を読む　小和田哲男
- 784 豊臣秀吉　小和田哲男
- 2146 秀吉と海賊大名　藤田達生
- 642 関ヶ原合戦　二木謙一
- 476 江戸時代　大石慎三郎
- 870 江戸時代を考える　辻　達也
- 1227 保科正之（ほしな　まさゆき）　中村彰彦
- 1817 島原の乱　神田千里
- 740 元禄御畳奉行の日記　神坂次郎
- 1945 江戸城―本丸御殿と幕府政治　深井雅海
- 1073 江戸城御庭番　深井雅海
- 1703 武士と世間　山本博文
- 883 江戸藩邸物語　氏家幹人
- 2079 武士の町 大坂　藪田　貫
- 1788 御家騒動　福田千鶴
- 1803 足軽目付犯科帳　高橋義夫
- 1099 江戸文化評判記　中野三敏

- 1886 写　楽　中野三敏
- 853 遊女の文化史　佐伯順子
- 1629 逃げる百姓、追う大名　宮崎克則
- 929 江戸の料理史　原田信男
- 2241 黒田官兵衛　諏訪勝則
- 2243 武士道の名著　山本博文

日本史

中公新書

政治・法律

h1